살아가면서 놓치는 사소한 가치

생각의 교양학

살 아 가 면 서   놓 치 는   사 소 한   가 치

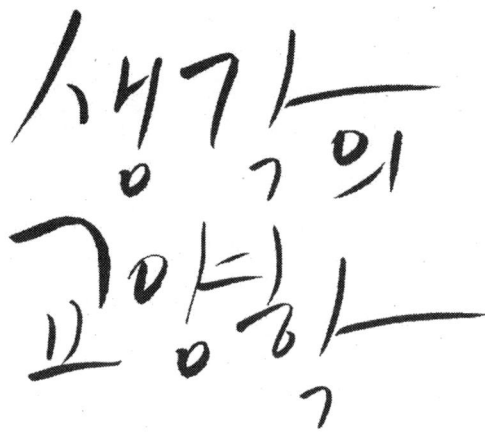

생각의
교양학

양창삼 지음

이담
Books

┃머리말

　페이스북(facebook)을 열면 언제나 묻는 말이 있다. "지금 무슨 생각을 하고 계신가요?" 페이스북 자체는 아무 생각도 하지 않으면서 사람들에게 계속 이런 질문을 던짐으로써 생각을 유도하고 참여하게 한다. 사람은 늘 생각하며 산다는 것을 페이스북은 잘 안다.

　인간을 가리켜 호모사피엔스, 곧 생각하는 존재라 한다. 인간은 생각을 떠나 살 수 없다는 말이다. 그러나 중요한 것은 무슨 생각을 하느냐다. 생각이 존재를 형성하기 때문이다. 바른 존재가 되기 위해선 바른 생각이 중요하다.

　우리는 지금까지 삶을 통해 많은 것을 보았다. 학교나 책, 그리고 여러 미디어를 통해 많은 것을 배웠다. 우리가 알고 있는 것들이 나를 형성하고 있고, 대화에서 나를 드러내고 있다. 그런데 문제는 많은 것을 보고 알았음에도 불구하고 자신은 변하지 않고 있다는 데 있다. 그 지식을 자신을 변호하거나 합리화하는 도구로 사용하는 데 바쁘다. 그만큼 자기 울타리를 벗어나지 못하고 있다.

　이번에 내놓는 『생각의 교양학』은 일종의 교양 노트다. 역사, 철학, 문학, 교육, 경영, 종교, 과학 등 여러 영역에서 만난 다양한 주제를 통해 생각을 키우는 작업을 시도한 것이다. 문화, 생명, 동반, 교육, 꿈, 인간관계, 리더십, 삶, 조직, 깨달음 등 교양의 주제들이 망라되었다. 그래서 교양학개론이라 생각될 정도다. 주제는 벽을 만들지 않고 계속 확장된다.

"오늘의 생각이 내일을 만든다"는 말이 있다. 오늘은 바로 어제 생각한 것의 모든 것이며, 내일은 오늘 생각한 것들의 모든 것이라는 말이다. 생각은 그만큼 중요하다. '생각의 교양학'이 독자의 생각을 보다 정직한 삶으로 이끌어주는 데 도움을 주었으면 한다. 생각이 바뀌면 다소라도 개인의 삶이 달라지고, 그것이 모아져 사회도 변화될 것이라는 기대가 있기 때문이다.

『생각의 교양학』은 독자의 전적 수긍을 강요하지 않는다. 수긍은 감사한 일이지만 오히려 생각의 다른 면을 축소시킬 가능성이 있다. 그럴 땐 생각의 문을 보다 크게, 나아가 다르게 열어놓을 필요가 있다. 그렇게 되면 생각의 깊이와 너비가 달라질 수 있다. 생각이 생각을 낳는다. 생각의 창조성은 그만큼 무한하다.

이 책은 생각의 첫 번째 마당이다. 이어 꼬리 물기가 이어질 것이다. 아니, 독자의 생각 속에서도 꼬리 물기가 이어질 것이다. 길지 않은 글이지만 그 속에서 만들어지는 생각들이 아름다운 꿈으로 성장한다면 우리의 미래는 밝으리라. '생각의 교양학'이 '생각의 교향악'이 되는 그날까지 우리 노래는 그치지 않을 것이다.

2012년
양창삼

차례

⋮

제1부 문화를 가볍게 여기지 마라

01
오케이: 문화를 가볍게 여기지 마라

서부극 <OK목장의 결투>를 아시는지. 버트 랭카스터와 커크 더글라스가 주연한 1957년 작품이다. 스토리는 다 잊었지만 제목은 아직도 기억이 난다. OK목장 때문이다. 아니, OK 때문이다.

'Okay'는 본래 영어에서 나온 말이 아니라 인디언이 사용하는 말에서 나왔다. 인디언들이 서로 '그렇다'고 생각하거나 합의를 하면 '오케(Okeh)'라고 했다. 'all right'이란 말이다. 그만큼 합의를 존중한 것으로 보인다. 우리나라 초기 음반회사 중 오케이 레코드도 오케이를 'Okeh'라는 단어를 사용했다. 그때 우리 선배들은 이 인디언 언어를 어떻게 알았을까 궁금하다.

아메리칸 인디언들은 유럽인들이 들어와 땅을 차지하고 자기들을 죽이는 것에 대해 결코 오케이라고 말하지 않았다. 그럼에도 불구하고 그들은 "오케이, 오케이" 하면서 밀고 들어왔다. 인디언들은 맞서 싸웠지만 그들을 당해낼 수 없었다. 지금 미주는 유럽인의 땅으로 변해버렸다. 인디언들은 오지로 밀려났고, 생존이 의심될 만큼 소수로 전락했다.

그럼 인디언들은 완전히 패배한 것일까? 아니다. 유럽인들은 비록 땅을 차지했지만 인디언들의 오케이는 지금 세계를 정복했다. 땅을 정복한 자보다 문화를 정복한 자가 이긴다. 문화를 결코 가볍게 여기지 마라.

02
헤르메스의 지팡이: 의학의 상징이 되다

군의관의 배지엔 헤르메스가 들고 다닌 '카듀서스(caduceus, 또는 케뤼케이온)'라는 지팡이 모양 장식이 있다. 로마신화에서는 머큐리로 소개되어 있어 머큐리의 지팡이라 하기도 한다. 헤르메스는 그리스신화에서 제우스의 아들이자 그의 전령이다. 그는 신들의 사자로서 날개 달린 신발을 신고 지팡이를 휘두르며 구름을 휘젓고 다녔다. 지팡이에는 두 마리의 뱀이 감겨 있고 꼭대기에는 두 개의 날개가 붙어 있다. 미 육군은 이를 군의의 기장으로 삼았다.

왜 뱀일까? 그리스신화에서 뱀은 온 지상을 돌아다니며 갖가지 약초를 찾아내고 또 죽어가는 사람의 환부에서 고름을 핥아내어 기적적으로 소생시킨다고 한다. 두 마리의 뱀은 치료의 상징이다. 날개는 스피드를 나타낸다. 빠른 회복이다. 그래서 이 지팡이는 의술의 심벌이자 평화의 상징이 되었다. 하와를 유혹한 뱀과는 차이가 있다.

그런데 의료 역사를 보면 이 신화와는 다소 거리가 있다. 인간은 본능적 자구책으로 몸의 가시를 손톱으로 뽑았고, 저리면 주물렀으며, 속이 안 좋으면 토했다. 몸 안에 병이 생기면 음식을 통해 병이 몸속으로 들어왔다고 생각했다.

그런데 병의 침입을 막기 위한 노력을 보면 전혀 의학적이지 않다. 몸 안의 역신을 몰아내기 위해 푸닥거리를 한다든지, 그 귀신보다 높은 신령의 힘을 동원하여 병의 접근을 막기 위해 부적을 지니고 다녔다. 몸에 무엇인가를 걸치기도 했다. 여기에 신화가 작용했을 가능성이 높다.

약을 먹은 것은 지능이 발달했음을 보여준다. 약(藥)은 풀과 기쁨을 합한 말이다. 병고와 싸우던 인간들이 어느 날 특수한 식물을 먹으면 그 작용으로 병의 고통에서 해방된다는 것을 알게 되었다. 그로부터 풀을 먹으면 즐거워지고 편해진다는 뜻에서 약이라는 단어를 사용하게 되었다.

지금은 의술도 발달하고 제약기술도 높아졌다. 그래도 이런 이야기를 들으면 인간은 병고와 싸워 이기기 위해 얼마나 힘든 과정을 거쳤을까 하는 생각이 든다. 모두 건강하시기 바란다.

03
칭기즈칸: 엄격함이 위대한 나라를 만든다

비전의 공유, 이것은 21세기 기업문화의 키워드다. 그런데 비전의 공유로 먼저 제국을 이룬 사람들이 있었다. 칭기즈칸과 그와 함께했던 사람들이다. 그들은 '한 사람의 꿈은 꿈이지만 만인의 꿈은 현실이다'며 그 꿈을 현실로 만들어나갔다. 미래의 비전을 공유한다면 얼마든지 세상을 바꿀 수 있다는 것을 안 것이다.

그들은 꿈을 공유하기 위해 먼저 나와 다른 사람들에 대해 열린 사고를 했다. 다른 사람과 뜻을 같이하지 못한다면 제국을 이룰 수 없다. 배운 것이 별로 없었지만 그들은 남의 말에 열심히 귀를 기울였다. 머리가 좋은 것보다 귀가 열려 있는 것이 더 중요하다 생각했다. 귀는 자신을 현명하게 가르치고, 협력하게 만들었다. 열린 사고는 정복지에서 오랜 세월 어울려 살아갈 수 있는 기틀을 만들어주었다.

군대의 전투력은 병력의 규모에 있는 것이 아니라 기동성이라 믿었다. 세계를 정복하는 데 동원한 몽골 병사의 수는 적들의 100분의 1, 200분의 1에 불과했다. 병사들은 말에서도 며칠을 견뎌낼 수 있을 만큼 기동성을 높였다.

전리품은 똑같이 나눴다. 혹독한 겨울을 이겨내기 위해 남을 침범해 전리품으로 살아야 했던 몽고였다. 자기 이익만 생각했다면 칭기즈칸은 없었을 것이다. 적은 밖에 있는 것이 아니라 자신 안에 있다. 자신의 욕심을 절제할 때 비로소 칭기즈칸이 될 수 있었다.

제국을 건설한 그는 후손에 대한 말도 잊지 않았다. "나의 왕국이 망하는 것은 나의 후손이 성을 짓고 거기서 비단옷을 입을 때이다." 그들의 헌법 '대자사크'엔 이런 조항이 있다. '옷이 너덜너덜해지기 전에 빨래를 해서는 안 된다.' '간통한 자는 사형에 처한다.' 말도 안 되는 법이라고? 이 엄격함이 위인을 만들고, 위대한 나라를 만든다. 사치와 타락이 나라를 점령하면 치사(致死)하게 된다. 힘들여서 이룬 꿈도 거품이 된다.

04
고려인과 발카르족: 서로 돕는 데는 다 이유가 있다

러시아 서남부 카프카스 산맥에는 발카르족이 살고 있다. 그런데 이 발카르족이 한국인과 고려인에게 좋은 호감을 가지고 있다. 그 먼 곳 사람들이 우리를 어떻게 알까. 그 속엔 역사적 아픔이 있다.

제2차 세계대전 당시 독일군에 협력했다는 이유로 스탈린은 1944년 10만 발카르족 가운데 4만여 명을 화물칸에 실어 키르기스스탄과 카자흐스탄 등 중앙아시아로 강제 이주시켰다. 당시 히틀러는 이 지역의 바쿠 유전지에 관심이 있었는데 발카르족이 협력할 것으로 본 것이다.

그런데 이 중앙아시아에 먼저 강제 이주해온 민족이 있었다. 바로 고려인들이었다. 1937년 스탈린은 연해주지방에 살고 있던 약 18만 한인 모두를 예고 없이 중앙아시아 지역으로 강제 이주시켰다. 고려인을 일본의 스파이 내지 잠재적 스파이로 본 것이다.

이주당한 그들은 벌판에 그냥 버려져 정말 고생이 많았다. 많은 사람들이 비극적인 죽음을 맞기도 했다. 먼저 온 고려인들이 발카르족에게 도움을 주었다. 그래서 이 고마움을 잊지 않는다.

발카르족은 13년이 지나서 고향에 돌아올 수 있게 되었다. 고려인들도 연해주로 돌아오고 있다. 고려인과 발카르족, 그들은 스탈린의 의심병으로 큰 상처를 받았지만 오히려 참혹한 가운데서 서로 도움을 주고받는 것이 얼마나 아름다운가를 배웠다. 우리 주변엔 고향을 떠나온 외국 분들이 많다. 그들을 의심하기보다 사랑을 주는 것이 먼저다.

05
칼미크 공화국: 다른 문화를 이해하면 또 다른
삶을 살 수 있다

러시아 여러 자치공화국 중 몽골계로 칼미크 공화국이 있다. 유럽에서는 유일하게 불교가 국교인 나라이다. 그들은 원래 중국 중서부에 살고 있었는데 청나라로부터 핍박이 심해지자 볼가 강으로 이주했다. 이때 표트르 대제가 러시아를 지배하고 있었다. 사실상 대제의 승낙을 얻은 그들은 대표를 보내 대제와 만난다. 대제는 몽고족을 신기한 눈으로 바라봤다. 그때 몽골족 대표가 말했다. "대제님, 다른 문화를 이해하면 또 다른 삶을 살 수 있을 것입니다."

대제가 그들을 받아들인 이유도 있었다. 외침을 막아달라는……. 그러나 지금 러시아가 수많은 자치공화국을 두면서 살아갈 수 있는 것은 그들을 포용할 수 있었던 힘이라 믿는다. 칼미크 공화국 대통령은 몽골인이다. 유럽에 몽골인 대통령이라. 이젠 우리가 신기한 눈으로 바라본다. 그럼 저들은 말할 것이다. "신기합니까? 다른 문화를 이해하면 또 다른 삶을 살 수 있어요."

06
알로하오에: 인간은 모두 그리워하며 산다

<알로하오에(Alohaoe)>. 하와이의 사랑을 그리는 노래다. 1878년 하와이 왕조의 마지막 여왕 릴리오우 칼라니가 공주 시절 오하우 섬의 마우나일리까지 여행을 갔다가 돌아오는 길에 동행했던 보이드 소령과 하와이 아가씨가 이별을 아쉬워하는 모습을 보고 감명을 받아 지었다는 노래다.

알로하오에, 이 말은 '그리운 사람들'이라는 뜻이다. 사람의 특징이 있다면 그리워한다는 것이리라. 오래전 우리 가곡을 보다가 곡 대부분의 주제가 '그리움'이라는 것을 알고 놀란 적이 있다. 아, 사람들은 그리움을 노래하는구나.

사랑하는 사람과 석별의 정을 나눌 때 우린 눈물을 흘린다. 이미 당신은 나의 그리움이 되었다는 말이다. 하지만 그리움은 사람에만 한정되지 않는다. 장소에도 그리움이 쌓인다. 애써 떠나왔지만 떠나온 곳이 또 그립다. 그래서 연어도 태어난 곳을 찾는가 보다.

그리움, 보고 싶어 애타는 마음이다. 사랑하는 사람들, 사랑하는 곳을 생각하면 그리움이 쌓인다. 그리움도 사랑이다. 그 애타는 마음이 오죽할까? 그래서 시인은 그리움에 안부를 묻지 말라 한다. 때론 타서 재가 된 것이리라. 외로움도 그리움도 어쩔 수 없다면 떠나라고 한다. 그것으로 그리움이 진정될까? 진정되면 그것은 이미 그리움이 아니다. 칼라니가 그 어찌지 못하는 마음을 훔쳐보았다. 알로하오에 선율은 오늘도 그리워 애타는 이의 마음을 파고든다.

성경에도 그리움이 표현되어 있을까? 있다. "나도 모르게 갑자기 사랑이 그리워 내 백성 가운데로 돌아가고 싶었다네(아가 6:12, 현대인의 성경)." 백성을 그리워하는 솔로몬. "이때 다윗이 고향을 그리워하면서 "베들레헴 성문 곁에 있는 우물물이 먹고 싶어 못 견디겠구나! 누가 그 물을 좀 길어 올 사람이 없는가?" 하자(역대기상 11:17, 현대인의 성경)." 고향을 그리워하는 다윗. 바울은 성도들을 그리워한다. "내가 예수 그리스도의 심정으로 여러분을 얼마나 그리워하는지는 하나님이 내 증인이십니다(빌립보서 1:8, 현대인의 성경)." 우리는 모두 그리워하며 사는 인간이다. 그리워하며 살라. 부끄러운 것이 아니라 아름다운 일이다.

07
스탕달 신드롬: 이 세상에 어찌 예술품에만
이 신드롬이 있으랴

어떤 그림을 보았을 때 "아! 숨 막히는 그림이다"는 느낌을 가져본 적이 있는가. 그렇다면 당신은 '스탕달 신드롬'에 빠질 가능성이 높다. 이 신드롬은 걸작을 보고 갑자기 흥분상태에 빠지거나 호흡곤란, 현기증, 전신마비 등의 현상을 느끼는 것을 말한다. 프랑스 문호 스탕달 이름이 붙은 것은 피렌체 산타 크로체 교회에서 조토의 프레스코화를 보고 "심장이 쿵쾅거리기 시작했고 내 몸으로부터 생명이 다 빠져나가는 것 같았다"고 말한 것에 기인한다. 교회 안의 예술품을 보고 충격을 받았다는 말이다. 피렌체의 정신과 의사 그라치엘라 마게리니는 스탕달의 이 말에 근거해 스탕달 신드롬이라는 말을 만들어냈다.

스탕달 신드롬에서 빠지지 않고 거론되는 것은 고흐가 렘브란트의 작품 <유대인 신부>를 보고 스탕달 신드롬을 보였다는 것이다. 그는 이 그림을 본 뒤 그만 발이 얼어붙어 도저히 그 자리를 떠날 수가 없었다. 그리곤 친구에게 말했다. "이 그림 앞에 앉아 2주를 더 보낼 수 있게 해준다면 내 수명에서 10년이라도 떼어주겠다." 얼마나 매료되었으면 그런 말을 했을까 싶다.

재미있는 것은 마게리니가 스탕달 신드롬과 관련해 107건의 임상 사례를 학계에 보고했는데 이 신드롬 환자들은 모두 관광객이었다는 사실이다. 그런데 이 가운데 이탈리아 사람은 단 한 사람도 없었다. 르네상스 걸작에 면역이 된 탓일까. 또한 일본 환자도 보고되지 않았다. 주로 그룹으로 관광을 하다 보니 걸작과 개인적으로 만날 여유가 없었을 것이라는 해석이다.

이 세상에 어찌 예술품에만 스탕달 신드롬이 있을까. 놀라운 자연경관 앞에

서 잠시 숨이 멎기도 하고, 인간의 아름다운 모습에 숨이 멎기도 한다. 그리스
도인은 모두 예수님의 사랑에 숨이 멎은 사람들 아니던가.

08
빅토리아: 군림하되 통치하지 않는다

알렉산더 대왕이 승승장구할 때 가는 곳마다 그의 이름을 딴 도시가 세워졌다. 그러나 지금은 그 이름을 헤아리기 어려울 정도이다. 우리가 아는 도시로 이집트의 알렉산드리아가 있다. 그다음엔 기억이 잘 안 난다. 그렇지, 버지니아에 알렉산드리아가 있지.

유명한 군주 중에 빅토리아(Victoria) 여왕도 빼놓을 수 없다. 1837년에서 1901년까지 재위한 그는 영국의 전성기를 이룬 인물이다. 경제적으로는 영국을 자본주의 선진국이 되게 하고, 정치적으로는 디즈레일리와 글래드스턴으로 대표되는 2개 정당, 곧 보수와 자유로 균형 있는 의회정치를 세워나갔다. 영국을 해가 지지 않는 나라로 만들었으면서도 그는 "군림하되 통치하지 않는다"는 원칙을 세워 오늘과 같은 영국 군주의 패턴을 확립하였다.

그래서 그런지 탐험이 많았던 그 시기에 이곳저곳에 빅토리아라는 이름을 붙이기 시작했다. 1838년 심프슨이 발견하고 1851년 레이가 처음 탐험한 캐나다의 북극해 해상 섬, 세계에서 아홉 번째로 큰 섬 이름을 빅토리아라 했다.

아프리카 남부 잠비아와 짐바브웨의 국경을 가르며 인도양으로 흘러가는 잠베지 강 중류에 폭 2킬로미터, 높이 108미터의 세계에서 가장 긴 폭포가 있다. 나이아가라 폭포의 두 배 크기다. 지축을 뒤흔드는 굉음과 수백 미터 밑으로 떨어지는 폭포수가 장관을 연출하는 남아프리카 관광의 백미다. 멀리서 치솟는 물보라만 보이고 굉음밖에는 들리지 않기 때문에 그곳 사람들은 옛날부터 '모시 오아 툰야(Mosi-Oa-Tunya)'라 했다. '천둥소리가 나는 연기'라는 것이다.

이쯤 되면 어디인지 짐작이 갈 것이다.

이 폭포를 서방 세계에 최초로 알린 탐험가가 바로 데이비드 리빙스턴이다. 1855년 잠베지 강을 따라가다 이것을 발견한 그는 폭포의 위용에 압도되어 무릎을 꿇고 감격의 눈물을 흘렸다. 그리고 그 이름을 빅토리아 폭포(Victoria Falls)라 했다. 여왕의 위용과 견줄 만하다는 뜻에서다.

어디 그뿐이랴. 오스트레일리아는 주 이름을 빅토리아라 했고, 캐나다는 밴쿠버 앞에 있는 아름다운 섬을 빅토리아라 했다. 이 모두는 여왕에 대한 애정이 얼마나 큰가를 보여준다.

그런데 한 가지 아쉬움이 있다. 리빙스턴은 탐험가이기 이전에 선교사다. 그럼 뭔가 다른 점이 있어야 하지 않나? 빅토리아 여왕만 보이고 하나님은 보이지 않았던가? 내가 너무 큰 것을 주문했나?

09
에펠탑: 찬가 뒤엔 언제나 슬픈 반대가 있었다

에펠탑을 보고 무슨 철도교량 같다는 생각을 해본 적이 있을 것이다. 에펠탑은 구스타프 에펠의 작품이다. 독일계 프랑스 사람인 그는 유럽횡단철도 교량 건설에 반평생을 보낸 인물이었다. 작품이 왜 그랬는지 이해가 간다. 역시 그의 전공을 최대한 살린 작품이다.

당시 프랑스혁명 100주년을 맞은 파리는 국제박람회를 앞두고, 이 박람회의 꽃이라 할 건축물을 계획하고 있었다. 공모에 들어가자 7백여 작가들이 각자 개성이 넘치는 작품을 선보였다. 그 가운데 에펠의 작품이 최종 선정되었다.

설계안이 공개되자 찬반이 일었다. 기술자들은 과학과 산업의 승리라며 찬성했다. 하지만 구노·모파상·졸라 등 프랑스 문화계 인사 수백 명이 '철골괴물'이라며 반대하고 나섰다. 역시 프랑스는 시끄럽다.

찬반이 이는 가운데 250만 개의 나사못과 1만 5천여 금속조각을 연결시키는 대공사가 시작되었다. 에펠탑은 25개월간의 공사 끝에 마무리되었다. 그때가 1889년 3월 31일이었다. 이 탑은 당시 최고 건물보다 2배나 높았고, 1930년 뉴욕 크라이슬러 빌딩이 세워지기 전까지 세계에서 가장 높은 구조물로 인정을 받았다. 그때도 기네스북이 있었는지는 모르겠다.

원래는 박람회가 끝난 다음 철거할 계획이었지만 '파리의 귀부인'이라는 별명을 얻을 만큼 이 탑에 대한 시민들의 찬가가 끊이지 않는 바람에 그대로 두었다. 에펠탑 건립 반대를 했던 모파상도 '흉측한 에펠탑을 안 볼 수 있는 유일한 곳'이라며 이 탑을 자주 찾았다. 모파상도 너무했다. 솔직했으면 얼마나 좋

있을까.

1909년에는 위기를 맞았다. 헐릴 뻔한 것이다. 그런데 통신안테나 설치에 최적지라는 평가를 받고 기사회생했다. 통신이라는 당시 기술이 이 탑을 살려낸 것이다. 하지만 라디오에 이어 TV 통신안테나 설치로 귀부인이 뚱보가 되었다. 정부는 콘크리트 전망대를 강철로 바꾸고, 엘리베이터를 전기식으로 교체하며 군살을 빼는 수술을 했다. 오늘도 이 성형 미인을 찾는 사람들이 많다. 이 미인의 머리 위에 올라 사람들은 탄성을 지른다. "파리는 정말 예뻐." 그래서 오늘도 에펠탑은 슬프다.

10
중국인: 황허에서 살다 황두 먹고 황천 간다

중국인들은 흔히 "황허(黃河)에서 살다, 황두(黃豆)를 먹고, 황천(黃泉)으로 간다"고 한다. 모두 누렇다. 왜 그런 말을 할까? 중국은 이른바 황허문명을 이뤘을 만큼 빛나는 문명사를 가지고 있다. 그래서 황허와 연관된 삶의 이야기와 전설도 많다.

황허는 중국의 서부에서 동북부로 흐르는 강으로, 양쯔강 다음가는 중국 제2의 강이다. 칭하이 성(靑海省)에서 발원한 이 강은 화북평야를 흘러 우리의 서해인 황해(黃海)로 흘러든다. 황허라 한 것은 황토를 대량으로 운반하여 물이 누렇기 때문이고, 황해라 한 것도 황허 때문에 바닷물조차 누렇기 때문이다.

칭하이 성에서 황해에 이르는 동안 황허의 중국인들은 누런 빛깔이 나는 황두를 먹고 산다고 말한다. 그만큼 황허는 모든 농산물의 젖줄인 셈이다.

중국인들이 좋아하는 흑룡(黑龍)은 바로 황허의 용왕을 가리킨다. 민속에서 용은 물의 신으로 비를 내리게 하고, 바다를 관장하며, 물로 불을 끈다. 중국인들은 출세도 황허에 빗댄다. 등용문(登龍門)은 잉어가 황허 상류 용문협곡의 거센 물살을 거슬러 올라 용이 된다는 전설에서 따온 말이다.

중국인들은 죽어서 황천으로 간다고 말한다. 황천은 사람이 죽은 다음 그 혼이 가서 사는 세상을 말한다. 구천(九泉), 명부(冥府), 유명(幽冥), 음부(陰府), 저승, 현택(玄宅) 모두 같은 말이다. 왜 하필 누런 곳일까 싶다. 하지만 누런 곳에서 태어나 누런 곳에서 살다가 죽어도 누런 곳으로 가는 것이니 당연한 이치 아니겠는가. 그들에게 있어서 죽음은 황천행(黃泉行)이고, 죽은 사람은 황천객

(黃泉客)이다.

  중국의 이야기가 우리와 상관되는 것은 우리의 이웃이기 때문이다. 우리는 문화적으로 크게 중국의 영향을 받아왔다. 등용문, 황천, 황천객은 우리가 자주 사용하는 단어다. 오늘도 황허가 누런 토사를 황해로 쉴 새 없이 쏟아내고 있다. 황사(黃砂)도 바람 타고 온다. 그래서 결국 우리 모두 황인종이 되었나 보다.

11
칭화대학: 굴곡진 역사를 넘어 세계를 넘보다

중국에는 수천의 대학이 있다. 그중 이공계 명문으로 중국의 MIT로 꼽히는 칭화(清華)대학이 있다. 이 대학이 금년 개교 100주년을 맞았다. 이 학교의 개교는 1900년 제국주의 열강의 침략에 저항한 중국인들이 외국인을 살해한 의화단(義和團)사건과 연관이 있다. 이 사건으로 청 정부는 열강에 거액의 배상금을 지급했는데, 미국이 이 가운데 일부를 내 미국 유학을 준비하는 칭화학당(清華學堂)을 세웠다. 이 학교가 바로 지금의 칭화대학이다.

의화단사건은 청나라 말기 1899년부터 1901년까지 산둥지방, 화베이지역에서 일어난 의화단의 외세배척 운동이다. 백련교를 모태로 한 여러 무술 단체 가운데 대도회(大刀會)를 비롯한 권법 무술단체 의화권(義和拳)이 주도했다.

1897년 독일이 산둥 성 일대를 점령하자 이 지역 의화권의 반외세, 반기독교 운동이 격화됐다. 그들은 '부청멸양(扶淸滅洋)'을 내걸고 의화단 운동을 일으켰다. 당시 산둥 성 북부에는 독일 가톨릭교회의 선교활동이 활발했는데 의화단이 철도, 교회, 전선 등 모든 외래적인 것을 파괴하며 기독교도를 학살했다. 이로 인해 많은 선교사들과 중국 기독교인들이 죽었다.

1900년 서태후가 황제인 광서제를 폐위시키려 하자 열강이 이를 좌절시켰다. 청 정부의 수구파는 이에 맞서 의화단의 배외운동을 고무하며 열강과 대립하였다. 의화단이 베이징에 있는 외국 공관을 포위하고 공격하자 서태후는 그들을 의민으로 규정하고 열강에 선전포고를 했다. 이에 러시아, 일본, 독일, 영국, 미국, 이탈리아, 오스트리아, 프랑스 8개국이 파병해서 베이징을 비롯해 양쯔강 이북 지역을 대부분 점령해버렸다. 열강은 중국을 분할하지 않기로 결정하고 청 왕조와 베이징에서 의정서를 체결했다. 청이 제국주의 열강에 거액의 배상금을 지급하는 동시에 열강의 중국 내 군대 주둔권을 인정하는 내용이었다. 이로 인해 중국의 반(半)식민지 상태가 심화되었다.

미국은 의화단사건에 대한 배상금을 받아 1911년 황실 왕자의 정원에 칭화학당을 세웠다. 당시 이 학교는 미국 유학을 위한 예비학교였다. 미국 YMCA가 이 학교에서 가르칠 과학 담당 교수들을 모집했고, 학생들은 졸업과 동시에 미국 대학교 3학년에 자동 편입되었다. 1928년에 국립칭화대학교(NTHU)로 개명되었다.

1949년 국공 내전을 거치며 중화인민공화국이 세워지게 되자 이 대학 총장 메이이치(梅貽琦)를 비롯한 몇몇 교수들이 타이완으로 옮겨가 국립칭화핵기술연구소를 세웠고, 이것이 타이완의 국립칭화대학이 되었다.

베이징의 칭화대학은 많은 학자와 정치지도자를 배출했다. 이론물리학자 리정다오와 양첸닝이 1957년 노벨 물리학상을 받았다. 중국 정치지도자 주룽지, 후진타오, 우방궈, 시진핑 모두 이 학교 출신이다. 칭화대학은 이제 굴곡진 역사를 넘어 미국 MIT를 앞서고자 하는 구상을 하고 있다. 예비학교가 세계를 넘보는 대학이 된 것이다.

12
소코트라 이야기: 관심이 애국이다

제주대학교 조성윤 교수가 대뜸 물었다. "이어도(離於島)의 영어 이름을 아세요?" 함께 있던 교수들의 시선이 그에게 쏠렸다. "소코트라 암초(Socotra Rock)입니다." 처음 듣는 이름이다. 섬이라면 소코트라 섬이라 해야겠지만 섬이 아니니 그 이름을 가질 순 없다 했다.

세계지도를 보면 소코트라 섬(Socotra Island)이 따로 있다. 인도양 남동부에 있는 예멘의 섬이다. 이 섬은 소코트라 군도 4개의 섬 가운데 가장 크다. 소코트라는 아라비아어 'suqutra'에서 나온 말이다. 이 섬은 지리적으로 고립된 지형 구조를 가지고 있어 방문자들은 이내 다른 행성에 왔나 하는 느낌을 갖는다. 게다가 희귀 동식물이 많고 아름다워 유네스코는 2008년에 세계문화유산으로 지정했다.

그러나 우리의 소코트라 암초는 밖으로 드러나 있지 않다. 평균 해수면에서 4.6미터 잠겨 있어서 파도가 칠 때만 그 모습이 드러난다. 제주도엔 이어도를 이상향으로 생각하는 전설이 있다. 구전에 따르면 이곳은 바다로 나가 돌아오지 않는 어부들이 가는 섬, 어부들이 죽으면 가는 환상의 섬으로 알려져 있다. "이어도 가나"는 이 전설을 담고 있다.

이어도가 왜 소코트라일까? 이것은 1900년 6월 5일 밤 영국 상선 소코트라호가 이 암초에 부딪치면서 생긴 이름이다. 이 배는 영국 해군성에 충돌 사실을 보고했고, 해군성은 워터위치(Water Witch)호를 파견해 암초의 위치와 수심을 확인한 뒤 소코트라 암초라 했다.

이어도의 또 다른 이름으로 파랑도(波浪島)가 있다. 1984년 제주대학교가 이곳을 탐사한 뒤 파랑도라 했다. 주변에 늘 파도가 일기 때문일까. 중국권에서는 쑤옌자오(苏岩礁, Suyan Rock)라 한다.

일본은 1938년 이 암초를 조사하고 연구기지를 세울 계획을 가지고 있었지만 제2차 세계대전 발발로 중단되었다. 한국정부는 2003년 이어도 정봉에서 남쪽으로 약 700m 떨어진 곳에 이어도 해양과학기지를 세웠다.

1952년 한국정부는 이승만 라인을 공표하면서 이어도를 한국 영해로 규정했다. 하지만 중국을 비롯해 주변 국가들은 이를 인정하지 않고 있다. 이어도에 대한 주변국의 관심이 높아진 것은 해저 자원 때문이다.

왜 소코트라 이야기를 자세히 할까? 멀리 있고, 우리가 쉽게 갈 수 있는 곳은 아닌데. 그거야 단 한 가지 이유 때문이다. 이어도를 잘 아는 것도 애국이다. 무관심이 애국은 아니지 않겠는가. 조 교수는 소코트라 조사 연구를 위해 영국을 방문한다. 애국은 따로 있지 않다.

13
제4의 단절: 인간은 단절 앞에 강해진다

"휴대폰처럼 쓰는 인공지능, 10년 내 인류의 삶을 바꾼다." 신문기사의 내용이다. 손안의 제2의 뇌가 될 휴대용 인공지능 시대엔 인간이 습득한 정보조각들이 인공지능의 뇌에 포착된다. 인공지능은 각자에게 가장 필요한 정보를 빅데이터 안에서 골라내 분석한 뒤 지금 당신이 만나야 할 사람이 누구인가를 말해준다. 이것은 인공지능이 우리에게 어떤 모습으로 다가오고, 우리 사회가 어떻게 변화될 것인가를 보여준다.

MIT 교수 브루스 마즐리시는 '제4의 단절(discontinuity)'에 대해 언급한 바 있다. 인간의 사고에 큰 전환을 가져오게 한 4가지 충격적 사건들이다.

그 첫째는 코페르니쿠스의 지동설이다. 그전까지는 천동설이 주를 이뤘다. 천동설은 인간 중심의 사고다. 인간이 모든 자연과 우주의 중심이요 가장 우월한 존재라 생각했다. 그런데 지동설이 등장한 이후 인류는 그 생각을 바꿔야 했다. 더 이상 인간 중심이 될 수 없었다. 인간은 오늘도 지구에 앉아 태양 주위를 돈다.

둘째는 다윈의 진화론이다. 이전에는 창조론이 우세했다. 창조론에서 인간은 신으로부터 권한을 위임받아 자연을 다스리는 자가 되었다. 그런데 진화론은 인간을 원숭이로부터 진화된 존재로 만들었다. 진화론은 인간의 자존심에 큰 상처를 남겼다.

셋째는 프로이트의 정신분석이다. 그전까지 인간은 합리적이고, 이성적인 존재로 인정되었다. 그런데 정신분석은 인간의 무의식을 발견했을 뿐 아니라 이

성과 아주 동떨어진 행동을 한다는 것을 보여주었다. 인간은 더 이상 합리적 사고만을 하는 존재가 아니라는 것이다. 세 번째 충격이다.

넷째는 인공지능과 로봇공학이다. 인간 자신이 만든 기계가 인간의 능력을 능가할 수 있다는 말이다. 이것은 인간능력에 대해 회의를 가져오게 한다. 인간의 자존심을 짓밟는 사건이 아닐 수 없다.

이제 4번째 단절이 곧 시작된다고 한다. 사람들은 문명의 놀라운 이기 앞에 경이로움을 표시하고 있다. 하지만 마즐리시는 이미 인간이 그로 인해 상처를 받을 것이라 했다. 인공지능의 펀치에 인간이 나가떨어질지, 아니면 툭툭 털고 일어설지 두고 볼 일이다. 일어선다 해도 인간은 앞으로 계속 단절을 맛보게 될 것이다. 더 겸손하고, 더 강해져야 할 이유가 생겼다.

14
힉스입자: 우주는 지금도 팽창하고 있다

대성의 김영대 회장이 제네바에 있는 유럽입자물리연구소(CERN)를 방문했을 때 38개국의 과학자들이 팀을 이뤄 우주 만물 질량의 기원을 설명해주는 힉스입자(Higgs boson)를 찾는 데 열중하고 있었다. 물질이 원자와 양자로 구성되어 있다는 종래의 견해에서 벗어나 지금까지 최소입자로 알려진 양자를 깨뜨려 더 최소단위, 곧 힉스입자를 찾으려는 것이다. 물리학자들이 만들어내는 우주문화다.

이 연구소는 대형 강입자가속기(LHC)에서 힉스 검출 실험을 벌여왔다. 그리고 마침내 그 입자를 찾아내는 데 성공했다는 소식이 미디어의 톱기사로 떴다. 놀라운 일이다. 연구소는 그동안 양성자 다발을 거의 빛의 속도로 충돌시킬 때 찰나로 생성되는 갖가지 에너지 신호들에서 힉스의 존재를 추적해왔다. 힉스입자는 우주만물 질량의 기원을 설명해줄 것으로 기대되며 '신의 입자'라 불린다. 신만이 알 수 있는 신비의 입자이기 때문이리라.

과학자들은 입자들의 상호작용에 관한 표준이론을 정립하고 있다. 이에 따르면 모든 물질의 입자는 쿼크(quarks)나 렙톤(leptons)으로 이뤄져 있다. 쿼크에도 6가지 종류가 있고, 렙톤에도 6가지 종류가 있다. 이것을 포스(forces)라는 힘이 한데로 묶어준다. 포스에도 4가지 종류가 있다. 이 모두를 포괄하는 것이 바로 힉스입자이다.

그런데 입자를 한데로 묶어 물질로 만들어주는 포스를 '신의 손(God's hand)'이라 부른다. 그 손이 없다면 물질로 존재할 수 없기 때문이다. 이 이론에 따르면 우주는 우리가 통상 물질이라 부르는 보통 물질(ordinary matter), 검은 물질(dark matter), 그리고 검은 에너지(dark energy)로 이뤄져 있다. 우리가 볼 수 있는 보통 물질은 우주 전체에서 아주 미미한 수준이다. 나머지는 인간이 전혀 알 수 없는 물질과 에너지로 구성되어 있다. 우주는 그만큼 신비라는 것이다. 우주가 시작하는 순간에는 물질(matter)과 반물질(antimatter)이 같은 양으로 존재했지만 둘이 만나는 순간 둘은 없어지고 에너지만 남는다. 그런데 일부 물질이 남아 은하계를 만들었다. 태양계도 그중의 극히 일부일 뿐이다. 우주는 지금도 끊임없이 팽창하고 있다.

  힉스입자의 발견은 우주의 신비를 밝히고자 하는 인간의 노력에 끝이 없음을 보여준다. 우주의 신비를 밝히기 위해선 시야를 우주로 넓히는 방법도 있고, 원자, 양자를 거쳐 지금 힉스입자를 찾아 우주의 근원을 찾으려는 것처럼 아래로 내려가는 방법도 있다. 앞으로 힉스입자를 넘어서 그보다 더 작은 근원 입자를 찾아 우주의 근원을 밝히고자 할 것이다. 연구가 지속될수록 과학자들은 시행착오를 겪고, 그러면서 더 깨닫게 될 것이다. "우주는 진정 신비요, 이 모든 것이 보이지 않는 어떤 힘에 달려 있다. 그렇지 않고서야 어떻게 존재할 수 있겠는가."

15
오즈그룹: 시간과 공간마저 창의적으로 바꿔라

기업의 창의역사에서 빼놓을 수 없는 조직 가운데 하나가 듀폰의 오즈그룹 (The OZ Group)이다. 1986년 3월 창의와 혁신 환경을 촉진시키기 위해 일곱 명의 창의적 전사에 의해 시작된 오즈는 에드혹(Ad hoc) 그룹으로 듀폰을 창의적 기업으로 만드는 데 크게 기여했다.

오즈란 이름은 수평적 사고로 유명한 에드워드 드 보노(Edward de Bono)와 얘기를 나누면서 나온 것이다. 그룹이 오즈의 마법사처럼 울퉁불퉁한 길에서 서로 부딪치며 미래를 향해 나가는 것과 흡사하다는 데 착안했다. 이 그룹은 전 세계 수백 개의 조직으로 확장되었고, 앤드슨 컨설팅 및 CSC와도 합작활동을 했다. 오즈그룹은 창의적이고 혁신적인 네트워크이자 창의적 사고를 불러일으키는 상징이 되었다.

혁신 능력이 뛰어난 이 조직은 창의성과 혁신에 관련된 세계적인 개념과 기술의 지식베이스를 확대시키는 방법을 취했다. 지속적인 도전, 정열적인 기업가정신, 실패를 두려워하지 않는 마음가짐, 문제해결에 대한 관습적인 접근의 타파를 원칙으로 삼았다. 이 모두는 시간을 소비하기보다 창조적이며, 지겹기보다 재미있는, 질적인 리더십 아래 이뤄졌다.

오즈 모임은 6주마다 열리며 참가자의 수는 20~25명으로 회의 테이블에 모여 돌아가며 경험과 정보를 공유한다. 공유할 정보가 없으면 농담을 하거나 노래를 부르거나 춤을 추기도 한다. 이러한 과정은 참가자들이 처음 자신을 소개하거나, 자신이 오즈에 참석하게 된 이유를 말할 때도 하게 된다.

일반적으로 집단의 반 정도가 정규멤버이고, 나머지는 새로운 사람들이다. 참가자들이 50명에 이르면 6~8명의 하위 집단으로 나누고, 하위 집단 활동은 전체 집단에 피드백 된다. 직급은 공장의 부사장에서 라인에 있는 오퍼레이터까지 넓다. 모임 끝에 새 멤버들은 '오즈 그룹, 꿈을 현실로'라는 문구가 새겨진 티셔츠를 받는다. 그만큼 꿈을 향한 기대가 크다.

조직에서 새로운 발명을 한 사람은 창의적 사고가 실행될 때까지 진행된 여러 과정을 말해준다. 또한 신제품을 상품화할 때까지 겪었던 어려움을 어떻게 극복했는가도 빼놓지 않는다. 기존 패러다임을 벗어나 사고할 수 있는 능력과 그 가치에 대해서도 언급한다. 공장이나 연구부서에서 온 사람들은 동료들이 제기하는 문제들을 해결하기 위해 창의적 팀이 어떻게 주기적으로 만나는가도 얘기한다. 창의성을 촉진시키는 사람(facilitator)을 위해서도 워크숍을 연다.

창의성은 외친다고 나오는 것이 아니다. 서로 주기적으로 만나 문제를 논의하고, 해결점을 찾으려 할 때 나온다. 자신만의 옹고집과 독선적인 공간에서 창의성은 없다. 시간과 공간마저도 창의적이고 혁신적이도록 업무구조를 바꿀 때 그 속에 창의의 물결이 굽이쳐 흐르게 된다.

제2부 전체의 유익을 위해 자신을 던져라

01
보석: 보석은 땅속에만 있는 것이 아니라
사람 속에도 있다

1976년 초 영일만 석유시추 발표 때 박정희 대통령은 아르헨티나가 나올 때까지라도 파 보라 했다. 과연 그것이 가능할까? 지구에 대한 연구는 많이 이루어져 있지만 사실 지표면 아래의 연구는 미지에 가깝다. 인류가 수만 년 발을 딛고 살아왔는데 그 깊은 속은 아직도 알지 못한다는 것이 말이 되는가? 그래서 앞으로 이에 대한 연구가 있어야 한다는 주장이 제기되고 있다.

지금까지의 연구에 따르면 지구의 층상 구조는 가장 바깥부분부터 지각, 맨틀, 핵 순으로 이루어져 있다. 핵은 다시 외핵과 내핵으로 나뉜다.

지각은 우리가 딛고 선 지표면 아래의 두꺼운 층으로, 0에서 약 60km까지의 암석권과 약 60km에서 약 200km까지의 연약권으로 이뤄져 있다. 지각 평형설에 따르면, 대륙지각은 낮은 밀도를 보상하기 위해서 두꺼워야 하고, 해양지각은 얇아야 한다. 이러한 까닭에 대륙지각의 두께는 30에서 70km에 달하는 반면, 해양지각의 두께는 10km도 채 되지 않는다고 한다. 그런데 지금까지 인류가 땅 밑을 뚫고 들어간 것은 불과 몇 km에 불과하다.

맨틀은 약 200km에서 2,890km까지의 중간권으로, 상층부는 감람석으로 구성되어 있다. 지각 작용으로 인해 맨틀이 지표면 위로 솟아나오기도 한다.

2,890km에서 5,100km는 외핵으로, 그 온도는 섭씨 3,000~5,500도에 달한다. 그리고 5,100km에서 6,378km까지는 내핵으로, 그 온도는 섭씨 5,500도 이상이다. 안으로 들어갈수록 온도가 높아 사실 지구를 뚫고 들어간다는 것은 불가능하다.

지표에 따라 광물질의 종류나 속성도 다르다. 금보다 더 깊이 자리하고 있는 것이 다이아몬드다. 화산폭발로 인해 땅속 깊은 곳에 있는 다이아몬드가 지표면 위로 올라오기도 한다. 화산폭발이 있는 곳에서 다이아몬드가 주로 발견되는 것은 이 때문이다. 탄소로만 구성된 이 광물은 자연산 물질 중 경도가 가장 높아 보석 중에 보석으로 꼽힌다. 더 깊은 땅속엔 과연 어떤 보물이 숨겨져 있을까? 그것이 궁금하다. 다이아몬드보다 더 좋은 것, 아니 우리가 채 생각지 못한 것들이 있지 않을까 싶다.

땅 밑은 아직 미지의 세계다. 10층 깊이로 땅속을 팠다 해도 1km도 되지 않는다. 그런데 그 아래는 비밀로 남아 있다. 그 밑이 바로 우리가 딛고 사는 땅이다. 창공으로는 우주선을 띄우는 이 시대에 우리는 아직도 몇 km 밑의 땅속을 모른다. 그런데 더 모르는 것이 있다. 사람의 마음속이다. 그토록 오래 함께 살았는데 오늘도 왜 그런지 모른다. 하지만 인간은 그동안 위대한 발견을 했다. 그것은 바로 다이아몬드보다 귀한 보석, 곧 사랑이다. 용서라는 보석, 감사라는 보석도 버릴 수 없는 아주 귀한 보석이다. 우리 속에 보석들이 많다. 그것을 캐며 살아도 살 만한 가치가 충분하다.

02
태아: 태아도 생명이다

한 전문의원의 생명윤리위원이 되었다. 정부가 생명윤리에 대한 법적 규제를 하지만 때로는 판단이 어려운 때가 있다. 생명윤리에 있어 한 단적인 예가 있다. 독일의 한 여인이 뇌사 상태에 빠졌는데, 임신 중이었다. 몸은 따듯해 살아 있는 듯 보이지만 뇌는 이미 죽었다. 자연히 사람들은 태아를 어떻게 할 것인가에 관심을 집중하게 되었다.

식구들은 태아의 아기를 얻기 원했다. 그런데 여성단체에서 반발했다. 여성이 무슨 아기를 낳는 기계냐는 것이다. 종교계에서는 하나님이 주신 신성한 생명이므로 죽일 수 없다고 했다. 태아 편에 선 것이다. 독일 법계에서는 인간의 존엄성을 인정할 수 있는 끝은 어디인가 골몰했다.

학자들도 나뉜다. 자유주의자들은 태아를 인간으로 인정하지 않으려 한다. 보수주의자들은 인간으로 간주한다. 그래서 인공유산을 살인으로 간주한다. 이 둘은 서로 생각이 달라 접촉점을 찾을 수 없다. 접촉점을 찾기 위해 절충주의자들이 나섰다. 절충주의는 수정과 출산 사이의 어느 기간을 정해 특정 시점 이후를 인간으로 인정하려는 것이다. 보수주의가 절충주의를 어떻게 받아들일지 아직 미지수이다. 아직도 격론이 벌어지고 있다.

아직 명확한 결론은 내리지 못했다. 그렇지만 생명은 아름다운 것이고, 그 생명을 귀하게 생각할수록 답은 곧 얻을 수 있을 것이다. 우리 인간의 생각이 아니라 생명을 주관하시는 하나님께서 어떻게 생각하시는지, 그리고 태아는 어찌 생각할지 역지사지 해보는 것은 어떨까. 천국에 가서 죽은 태아와 만난다고 생각하면 더 미안해지지 않을까. 그들은 말할 것이다. "그때 왜 그러셨어요? 왜 최선을 다하지 않으셨어요?" 이렇게 글을 쓰고 보니 난 보수주의자인 것 같다.

03
개 다시 보기: 정은 사람에게만 있는 것이 아니다

엘리베이터 문이 열리자 한 여인이 개를 안고 탈 준비를 하고 있었다. 나와 동행했던 분이 그 개를 주의 깊게 살펴보았다. 그리고 나오면서 이렇게 말하는 것이었다.

"개는 함부로 키우면 안 돼."

왜 그런 말을 할까 갑자기 더 궁금해졌다.

그분은 거의 자조 섞인 투로 말을 이어갔다.

"전 원래 개를 싫어했지요. 그런데 개를 맡게 되어 15년 동안 키웠어요. 최근 단독주택에서 아파트로 이사를 가면서 더 이상 개를 키울 수 없게 되었습니다."

"아파트에서 개를 키우는 분도 많던데요."

"제 개는 아주 컸습니다. 혹시 장애인들을 돕는 개 보셨나요. 그 정도 큰 개였어요. 어느 농장에서 맡아 키우겠다기에 데려다 주었지요. 그런데 그 개가 두 번이나 목줄을 풀고 튀어나오는 거예요. 저와 헤어지기 싫었던 겁니다. 그 개의 눈망울을 지금도 잊을 수 없습니다. 개는 그냥 개가 아니에요. 한 식구지요."

그리곤 혼잣말처럼 되뇌었다.

"개는 누구나 키울 수 있지만 아무나 키울 수 있는 것이 아니에요. 함부로 키우면 안 돼요."

그제야 그가 왜 그 말을 하게 된 것인가를 알 수 있었다.

그날 저녁 한 TV프로그램에서 영국의 한 도시 중앙에 서 있는 개의 동상을 보았다. 주인이 죽었는데도 그의 무덤 곁을 16년간이나 지켜, 도시 사람들로부터 사랑을 받아온 개였다. 그 개는 지금 주인 곁에 묻혀 있다. 그렇구나. 개를 무섭게만 보던 나의 눈이 달라지기 시작했다. 정은 사람에게만 있는 것이 아니구나.

04
세포의 자살: 전체의 유익을 위해 자신을 던져라

모든 유기체는 세포를 가지고 있다. 세포는 모든 유기체의 기본 구조이자 활동 단위이다. 모든 생명 활동은 세포에 기반을 두고 있을 만큼 세포는 중요한 위치를 차지하고 있다.

세포를 cell이라 한다. 이것은 '작은 방'을 의미하는 라틴어 셀라(cella)에서 나왔다. 1665년 로버트 훅이 세포를 수도승이 살던 작은 방에 비유한 데서 유래한 것이다. 인간은 대략 100조 개 이상의 세포를 가지고 있다.

모든 세포는 유전자를 가지고 있는 DNA와, 효소 등의 단백질을 유전자 발현시키는 데 필요한 정보를 가진 RNA를 가지고 있다. 세포는 DNA와 RNA라는 두 유전 물질을 통해 개체의 존속에 필요한 정보를 담고 유전한다.

특이한 것은 세포가 자살을 한다는 사실이다. '그럼 우린 어떡하나?' 염려마시라. 다 우리 몸을 위해서다. 세포의 자살이 없다면 우리는 살아남을 수 없다.

세포의 자살은 크게 두 가지다. 하나는 타의적 자살(necrosis)이다. 세포가 손상되어 어쩔 수 없이 죽음에 이르는 경우를 말한다. 다른 하나는 자의적 자살(apoptosis)이다. 이것은 세포 스스로 죽기로 결정하고, 생체에너지는 에너지 대사에 중요한 역할을 하는 ATP(adenosine triphosphate 아노데신 삼인산, 신체의 모든 세포를 위한 에너지원)를 적극적으로 소모하면서 죽음에 이르는 것을 말한다. 세포가 쪼그라들면서 세포 내 DNA는 절단되고, 주변의 식세포는 죽은 세포 조각들을 먹어치운다. 이 과정을 통해 다른 세포를 살리고, 몸을 살린다.

중요한 것은, 세포의 자살 이유가 희생정신에 있다는 점이다. 자신의 죽음이 전체에 유익하다는 판단이 서면 자신을 던져 전체를 살리고자 자살의 길을 택하는 것이다. 세포가 심각하게 훼손되어 암세포로 변할 가능성이 있을 때 전체를 보호하기 위해 일어나기도 한다.

하지만 죽어야 할 때 죽지 않는 세포가 있다. 그것이 바로 암세포다. 죽어야 할 세포가 죽지 않고 자신의 세를 과시하며 건강한 세포들을 공략할 뿐 아니라 결국 인간을 죽게 만든다.

우리 안에서 지금도 세포들의 살신성인이 일어나고 있다. 그런데 우리는 자기를 위해 다른 사람들의 희생을 강요하는 삶을 살아가고 있지 않은지 부끄럽다. 절대로 암세포는 되지 말아야겠다.

05

좌와 우: 우뇌가 상하면 왼쪽 몸을 쓸 수 없다

사람 몸엔 좌(左)와 우(右)가 있다. 좌와 우가 균형을 이뤄야 걸어 다닐 수 있다. 그런데 사람들이 말하는 좌와 우는 개념이 다르다. 좌는 우를 공격하고, 우는 좌를 공격한다. 왜 그럴까?

좌가 우와 다르듯 그 성격이 서로 다르다고 말한다. 아니 정반대다. 우에는 좋은 설명이 붙어 있지만 좌에는 그렇지 못하다.

이규태에 따르면 우는 좌보다 서열이 높다. 오른팔이 해 돋는 동쪽을 뜻한다면 왼쪽 팔은 해 지는 서쪽을 뜻한다. 우가 귀하고, 바르고, 현명함에 반해 좌는 멀리하고, 불편하고, 천하고, 바르지 않다. 우가 우쭐할 이유가 충분하다.

글에서도 차이가 난다. 우도(右道)가 정도(正道)라면 좌도(左道)는 정도가 아닌 가르침이다. 우성(右姓)은 명문(名門)이요 명족(名族)이다. 우문(右文)은 학문을 숭상한다는 말이다. 그 앞에 좌가 붙으면 설명은 완전히 달라진다. 좌천(左遷)은 나쁜 관직으로 옮겨가는 것이다. 우에 존경과 기쁨이 있다면 좌에는 하대와 슬픔이 있다. "그렇게 천대하기 있소?" 좌가 화날 만하다.

그런데 글만 그런 것이 아니다. 어떤 사회든 좌와 우가 대립하고 있다. 동서가 서로 화목하지 못한다. 한국이라고 예외가 아니다.

사람, 사랑, 삶의 어원을 보면 뿌리가 같다. 사람은 서로 사랑할 때 의미가 있고, 그래야 살맛이 난다. 사람들은 언제 좌와 우 구별하지 않고, 동과 서 구분하지 않고 진정 사랑하며 살 수 있을까? 우뇌가 상하면 왼쪽 몸을 쓸 수 없고, 좌뇌가 상하면 오른쪽 몸을 쓸 수 없다. 우뇌는 좌측 몸을 생각하고, 좌뇌는 우측 몸을 생각하며 산다. 그런데 왜 사람은 서로를 생각하지 못하고 싸우기만 할까? 그것이 궁금하다.

06
정과 반: 시계추를 붙잡지 마라

산업혁명으로 사회가 급격하게 시장중심으로 나아가자 중농주의 바람이 불었다. 나라가 부강해지는 바탕은 농업에 있다는 것이다. 중농주의는 도시 상업에 치중한 중상주의에 대한 반발에서 나왔다. 상업주의로 문제가 발생했기 때문이다.

중농주의의 대표적인 학자로 프랑스의 케네(F. Quesnay)가 있다. 그는 1758년『경제표』라는 책을 통해 경제 질서와 순환을 강조했다. 여기서 경제 질서는 자연지배(physiocracy)의 질서를 말한다. 농업을 중심으로 한 생산과 재생산을 통해 나라를 부강하게 해야 한다는 것이다. 자연지배의 농업과 그것을 바탕으로 한 사회 재구조화가 바로 중농주의다.

중상주의나 중농주의는 서양의 전유물이 아니다. 우리 실학자들 중에도 토지 개혁을 주장했던 중농주의 학파가 있었고, 상공업 발전을 주장했던 중상주의 학파도 있었다. 어느 사회나 정과 반이 있다.

사실 중농주의만으로 사회를 발전시킬 수는 없다. 시간이 지나면서 다시 중상주의에 팔을 벌린다. 영원한 승자는 없다. 역사는 시계추와 같다. 중상주의로 갔다가 중농주의로 간다. 계몽주의로 갔다가 낭만주의로 간다. 작용과 반작용의 역사다. 왜 한쪽에 머물지 않을까? 답은 단순하다. 한쪽에만 머물 수 없기 때문이다. 다 장단점이 있다.

요즘 신자유주의에 대한 반감이 대단하다. 빈부 차가 커짐에 따라 시장에 대한 공격이 만만치 않다. 그렇다고 시장을 없앨 순 없다. 대자본에 대한 공격수

위가 높아지고 나눔이 강조된다. 주류는 언제나 드러난 허점 때문에 공격을 당한다. 그 허점이 개선되면서 사회는 발전한다. 그래서 공격을 나쁘게만 볼 수 없다.

시계추가 저쪽으로 갔다고 실망하지 마라. 이쪽으로 왔다고 자만하지도 마라. 추는 이쪽도 아니고 저쪽도 아니다. 양쪽을 오가며 시간을 만든다. 그렇다고 추를 붙잡지 마라. 추가 멈추면 세상도 멈춘다.

소시오패스: 반사회적 인격 장애를 벗어나라

사이코패스(psychopath)와 소시오패스(sociopath)는 서로 다르다. 사이코패스는 잘못된 행동을 해놓고도 그것이 잘못된 것인지 알지 못한다. 사람을 죽여놓고도 천연덕스럽게 또 사람을 죽이는 연쇄살인범에겐 잘못된 행동이라는 개념이 없다. 정신을 차리지 못하니 동물에 가깝다. 하지만 소시오패스는 사회적으로 잘못된 행동인 줄 알면서도 반사회적인 행동을 한다는 점에서 차이가 있다. 알면서도 그런다니 무섭다.

소시오패스는 자신의 비도덕적인 행동은 숨기면서도 자신의 목적을 위해서는 양심이나 도덕성은 아무렇지 않게 여기는 인격 장애라 한다. 버젓한 사람들이 숨어서 반사회적 행동을 하는 사람들이 늘어간다는 것은 너무나 두려운 일이다. 숨겨진 지뢰이기 때문이다. 심리학자들은 이것을 한 개인 속에 여러 개의 정체성을 갖는 다중인격 장애로도 설명한다. '하이드와 지킬'이 늘어갈수록 사회는 점차 무서운 지뢰밭이 되어갈 것이다. 우리 모두 정체성을 바로 할 때다.

08

린치 사회: 상대를 존중하고 함께 맑은 공기를 마시자

요즘 우리는 린치 사회에 들어가지 않았나 하는 착각이 든다. 법의 무시는 예사고, 상대를 이 세상에 존재해서는 안 될 존재로 매도한다. 대화의 과정은 무참히 짓밟힌다.

린치(lynch)는 원래 정당한 사법 절차를 따르지 않고 잔인하게 폭력을 가하는 일을 말한다. 이 단어는 미국 독립혁명 때 버지니아 주의 치안 판사 윌리엄 린치(C. W. Lynch)가 반혁명 분자를 즉결 재판으로 처형한 데서 나온 것이다. 약탈과 강도가 판치던 개척 시대엔 범죄를 막기 위해 사법 절차 없이 사형시키는 일마저 있었다. 린치는 지금 '폭력'이란 개념으로 상당히 완화되어 있지만 인간사 모든 관계에서 종종 위협적인 단어로 등장한다.

사회에는 법이 존재한다. 성문법은 물론이고 관습법, 자연법 등 얼마나 많은가. 그런데도 우리 속에는 종종 그 법과 절차를 무시하려 드는 어두운 힘이 존재한다. 개인이든 집단이든 기관이든 자신의 이익이 침해되는 경우 그만두지 않는다.

법은 규범의 하한선이다. 사회인이라면 최소한 이 정도는 지키자고 합의한 선이다. 그 하한선도 지키지 못한다면 언젠가 우리 모두 린치의 희생자가 될 것이다.

선거철이 되거나 기업들 사이에 경쟁이 심해지면 상대에 대해 네거티브 공세를 편다. 때론 그 공세가 도를 넘어 집단 린치 수준에 이른다. 린치는 인터넷 공간에서도, 인간관계에서도 일어나 사람을 죽게 만든다. 우리 사회가 언제쯤 상대를 존중하고 함께 맑은 공기를 마시며 기분 좋은 노래를 부를 수 있을까.

09
조조의 불편한 진실: 토사구팽이 모범이 될 수 없다

마쓰모토 가즈오의 『삼국지를 읽으면 사람이 보인다』에 조조에 관한 이야기가 나온다. 조조는 권모술수의 달인으로, 비방과 칭찬을 함께 받고 있는 인물이다.

동탁이 독재를 하고 있을 때 조조가 그를 제거하러 간 일이 있었다. 검에 손을 대는 순간 동탁이 눈치 채자 그는 칼을 빼내 두 손으로 받쳐 들며 명검을 바치겠다고 해 위기를 모면했다. 가즈오는 이를 보고 "어떤 상황에서든 냉정을 유지하며 임기응변을 지녀라"라고 한다. 가즈오상, 그 예가 좀 묘하지 않소?

도망 중이던 조조가 체포되었는데 연을 만나 오히려 술대접을 받게 되었다. 밖에서 여러 남자가 뛰어다니며 빨리 잡아 죽이라는 소리가 들리자 뛰어나가 다섯 명의 남자를 죽이고 말았다. 알고 보니 그를 위해 돼지를 잡고 있는 중이었다. 뒤늦게 그 사실을 안 조조는 후회했지만 후환을 없애기 위해 그 일을 본 아내와 주인, 그리고 하인마저 죽였다. 가즈오는 말한다. "일 처리할 때는 확실하게 하라." 가즈오상, 이것이 본받을 일인가요?

조조의 참모 순욱은 조조에게 많은 도움을 주었지만 바른말을 했다. 자신에게 방해가 되겠다 싶은 조조는 망설임 없이 그를 처단했다. 마음에 드는 인재는 후대했지만 이용가치가 없다고 생각되거나 충성심에 의심이 갈 때는 그간의 공적을 무시하고 가차 없이 자른 것이다. 가즈오는 말한다. "더 이상 필요 없는 인재에 대해서는 냉정하게 자를 수도 있어야 한다." 가즈오상, 토사구팽이 어찌 모범이 될 수 있다는 말이오?

이 책을 읽으면서 느낀다. 책도 나름이지, 이것이 어찌 우리에게 교훈이 되겠는가? 조조에 대한 이런 이야기가 사실이라면 불편한 느낌을 지울 수 없다. 조조의 불편한 진실이다.

10
명태, 코코넛, 돼지, 당신: 세상에 버릴 것은
아무것도 없다

"우리 딸은 너무 예뻐, ○도 버릴 것이 없어요." 자식 자랑할 때 흔히 쓰는 말이다. 그만큼 사랑스럽다는 말이다.

명태는 버릴 것이 없다는 말은 많이 들어봤을 것이다. 다 먹을 수 있을 뿐 아니라 다양한 형식으로도 사용되기 때문이다. 한국 사람의 명태 사랑이 이를 입증한다. 동남아에선 코코넛은 버릴 것이 없다 한다. 마실 물로, 식재료로, 기름으로, 땔감으로 사용된다.

그런데 놀라운 것은 돼지도 버릴 것이 없다고 주장하는 사람들이 있다. 창의적 돼지 연구에 따르면 털은 가장 좋은 속눈썹으로 사용되고, 돼지 이빨은 콜라에도 삭지 않을 만큼 강하며, 돼지 심장은 부작용이 없어 좋고, 돼지 똥은 비료로 쓰인다. 그만큼 유용하다는 말이다. 믿기 어렵지만 돼지 목소리를 가리켜 가장 안정된 소리라고 한다. 그러니 돼지를 너무 얕보지 마시라.

따지고 보면 세상에 버릴 것은 아무것도 없다. 다 귀하다. 당신은 이 세상에서 하나밖에 없는 가장 귀한 존재다. 긍지를 가지시라. 당신에겐 버릴 것이 아무 것도 없다. 하나님의 형상 아닌가. 그대로 좋다.

11
화: 사소한 일에 지지 마라

일하다 방해를 받으면 화가 날 때가 있다. 마감시간까지 맞춰야 할 때는 물론이고 대수롭지 않은 일이라 할지라도 진행에 방해를 받으면 신경질이 난다. 게으른 자에게도 우선순위는 있다 하지 않는가.

누가 뭐라지 않아도 조금만 불편해도 화가 난다. 목적지에 가야 하는데 교통체증이 시작되었다. 복사가 필요한데 가보니 기계가 고장이라 쓰여 있다. 필요해서 물건을 찾아도 왠지 보이지 않는다. 오늘은 정말 나의 날이 아니군.

이런 일이 아니어도 짜증이 나게 하는 것이 한두 가지가 아니다. 건강해도 이 일을 할까 말까인데 독감까지 걸렸다. 나가려는데 만나고 싶지 않은 사람이 불쑥 찾아왔다.

따지고 보면 이런 일들은 그리 중요한 일이 아니다. 목숨을 걸 일은 더더욱 아니다. 그런데 사람들은 이 사소한 일 때문에 짜증을 내고, 괜스레 옆 사람에게까지 화를 낸다. 작은 일에 지고 있는 것이다.

'이런 것들을 너무 크게 보고 있는 것은 아닐까? 이 작은 일에 쩔쩔매는 모습이라니. 그 때문에 다른 사람에게 신경질 부릴 것까지는 없지. 그래, 그것은 아주 작은 일일 뿐인데, 극히 사소한 일인데.' 계속 그렇게 생각하라.

그래도 왠지 신경질이 난다고? 그럼 성경을 찾아보자. "사람이 슬기로우면 좀처럼 화를 내지 않는다(잠 19:11, 공동번역)." 슬기롭지 못하다? 그렇다. 사소한 일 때문에 당신의 고귀한 인격이 손상된다면 이보다 억울한 일이 더 있을까. 사소한 것들일랑 과감히 상대화하고, 더 가치 있는 일에 자신을 투자하

라. 생각을 바꾸면 짜증도 도망간다. 당신 안에 영적인 여유를 초대하라. "그래요? 괜찮습니다. 뭘 도와드릴까요?" 금방 인격이 큰다. 오늘, 사소한 일에 지지 마라.

12

약점: 자신의 약점을 사랑하라.
언젠가 강점이 될 수 있다

"암을 이기는 방법은 암을 사랑하는 것이다." 어찌 자신의 몸을 망가트리는 암을 사랑할 수 있을까. 그러나 암을 친구라고 말하는 사람이 있다. 그마저 안고 사랑하지 않으면 너무나 쉽게 삶을 포기할 것만 같은 절박함이 배어 있다. 삶은 그만큼 어렵다.

오늘 "자신의 약점을 사랑하라"는 글을 읽었다. 때로 자신의 인격에 해를 주는 약점을 어떻게 사랑할 수 있을까. 그러나 그 약점이 언젠가 강점이 될 수 있다는 믿음을 가지고 자신의 약점을 더 이상 부정적으로 보지 말라 한다. 그럴 때 비로소 빛이 보이기 때문이다. 삶은 결코 녹록지 않다.

'자기 안의 암을 사랑하라', '자신의 약점을 사랑하라'는 말은 어쩌면 그것들로 인해 고통받고 있는 '너 자신을 사랑하라'는 말일 수 있다. 자기 몸 안에서 똬리를 튼 암이나 약점은 나의 관심과 돌봄이 필요한 내 안의 가장 약한 부분일 수 있다. 그것을 내가 먼저 끌어안을 때 비로소 아름다운 동거가 시작된다. 아니, 강해질 수 있다.

오래전 고훈 목사가 암에 걸렸다. 투병을 할 때 그는 이렇게 고백했다. "암에 걸려보니 암에 걸렸던 교인들의 마음을 비로소 이해할 수 있게 되었습니다." 그 뒤 그는 병으로 고통받고 있는 교인들을 진심으로 사랑하게 되었다고 했다. 자신의 아픔을 통해 남의 아픔을 더 이해하게 된 것이다.

역설이지만 자신을 사랑하지 않고서는 남을 사랑할 수 없다. 자신의 약점을 이해하고 사랑하지 않고서는 남의 약점을 포용할 수 없다. 자신의 약점을 먼저 사랑하라. 그러면 자신을 어루만지는 그 손으로 이웃의 약점까지 깊게 안을 수 있으리라.

13
의미: 고통 속에서 보다 큰 삶의 의미를 찾으라

빅토르 프랑클(Viktor E. Frankl)은 아우슈비츠에서 살아남은 정신의학자이다. 그의 부모와 형제, 그리고 부인마저 수용소에서 죽었거나 가스실에서 희생되었다. 여동생 하나만 살아남았다. 모든 재산을 잃고, 기아와 추위와 온갖 만행, 그리고 시시각각으로 다가오는 처형의 위협에 시달렸다. 그가 책을 썼다. "왜 자살하지 않는가?" 사람들이 그에게 수없이 던졌던 질문이다.

그는 벌거숭이 생명밖에 더 잃을 것이 없는 상태에 처해 있었다. 그는 말한다. "무의미한 고통 속에서 보다 큰 의미를 찾는 데 실패했다면 나는 죽었을 것이다." 삶의 의미가 중요하다는 것이다. 여기서 그는 실존의 한가운데 서 있는 자신을 드러낸다.

생존할 기회가 거의 없는 상황에서 인간은 남은 자기의 생명을 구하겠다는 전략을 구사한다. 때론 사랑하는 사람의 모습, 신앙, 괴이한 유머, 한 그루의 나무나 석양이 도움이 되기도 하지만 삶의 의미를 찾지 못하면 살고자 하는 의욕은 솟아나지 않는다. 고통스러운 삶 가운데서도 인생의 의미를 발견하는 것이 중요하다. 그것은 각자 다를 수 있다. 우리는 모두 그것을 발견해야 하며, 그에 따른 책임도 받아들여야 한다. 이렇게 할 수 있으면 그 어떤 수모도 이겨낼 수 있다.

프랑클은 니체의 말을 즐겨 사용했다. "생존해야 할 이유를 알고 있는 사람은 어떤 방법으로도 살아갈 수 있다." "나를 죽이지 못한 것(삶의 의미)은 나를 더 강하게 만든다." 삶의 의지에 관한 한 서로 통한 것일까.

프랑클의 로고테라피(logotherapy)는 의미를 통한 치료, 곧 실존치료다. 수용소에서의 상황은 포로들의 삶의 의욕을 빼앗는다. '더 살아서 무엇 하는가?' 이런 자괴감을 넘어설 수 있는 길은 인생의 가치를 발견하는 일이다. 그에 따르면 최악의 상황이라 해도 우리에게 마지막 하나의 자유가 주어졌다. 그것은 선택이다. 죽음이냐 삶이냐는 것이다. 자살도 마찬가지다. 그는 말한다. "최악의 상황일수록 삶을 택하라." 그래야 현재의 고통도 가치가 있고, 인간 위에 군림하는 운명도 초월할 수 있다.

14
말라리아: 거인은 모기 앞에 쓰러진다

아프리카 리빙스턴이라는 곳에 지금도 유럽인들의 무덤이 있다. 말라리아가 무엇인지 모르던 시절 그 병으로 죽은 사람들이다. 탐험가 리빙스턴이 잠베지 강을 따라 탐험을 했고, 이 강의 아름다움에 매료된 유럽인들이 아프리카를 찾았다. 그런데 사람들이 열병을 앓으며 하나씩 죽어갔다. 모기 앞에 무릎을 꿇은 것이다.

파나마운하 건설에 수많은 사람들이 동원되었다. 산과 협곡이 많아 이동식 철도를 놓는 새로운 공법도 시도했다. 그런데 그 강철 같은 사람들이 열병으로 수만 명이 죽었다. 모두 모기 때문이었다. 이 공사를 맡은 프랑스는 철수하지 않을 수 없었다. 결국 이 공사는 미국에 돌아가게 되었다.

북극에선 곰이 왕이고, 아프리카에선 사자가 왕이다. 그런데 북극곰은 모기에게, 그리고 아프리카 사자는 쇠파리에게 시련을 당하고 죽는다. 그 작은 것에 물려 힘없이 죽어가는 곰이나 사자의 모습을 보노라면 세상에 이럴 수 있나 싶다. 알렉산더 대왕도 모기 때문에 죽었다. 대왕도 모기를 이길 수 없다.

어찌 이뿐이랴. 오늘도 많은 사람들이 낙마하고 무너진다. 위대한 인물도 아주 사소한 일로 인해 일어서지 못했다. 성자도 예외가 아니다. 사람은 그만큼 약하다. 좀처럼 깨질 것 같지 않은 조직도 조그마한 실수로 좌초한다. 여기저기 넘어지고 깨지는 소리로 세상은 요란하다. 거인은 모기 앞에 쓰러진다. 명심할 일이다. 어디 괜찮은 말라리아 퇴치법 없을까.

15
대전: 이웃을 생각하는 마음이 큰 밭이다

오랜만에 사서오경에 속하는 『시경』을 폈다. 읽다가 농부의 마음을 담은 시 한 편이 마음에 다가온다. 시 제목은 '큰 밭에서'에서, 한자로는 '대전(大田)'이다. 그 가운데 일부다.

넓은 하늘 가득히 메워
먹장구름 생겨나서
비 내려 공전(公田)을 적시고
우리 밭도 적셔 주소서.

저기엔 베지 않은 늦곡식
여기엔 남겨 둔 볏단.
저기엔 버려 둔 곡식단.
여기엔 떨어진 벼이삭.
이것은 불쌍한 과부의 차지.

이 시를 보면 비를 기다리는 마음이 먼저 소개되고 있다. 그런데 자기 밭에 먼저 내리기를 구하기보다 공전을 먼저 적시기를 바란다. 공전은 국가 소유의 논밭을 가리킨다. 그리고 먹장구름 내려 자기 밭에도 적셔주기를 바란다. 사적인 것보다 공적인 것을 먼저 앞세운 시인의 마음가짐이 좋다.

다음에는 여기저기 남겨둔 볏단과 벼 이삭들은 모두 불쌍한 과부를 위해 남겨두었다고 말한다. 역시 선현들은 농사를 지어도 가난한 이들을 생각했구나 하는 마음이 든다. 이래서 세상은 좋은 것이 아니겠는가.

성경에 이런 말씀이 있다. "네가 밭에서 곡식을 벨 때에 그 한 뭇을 밭에 잊어버렸거든 다시 가서 가져오지 말고 나그네와 고아와 과부를 위하여 남겨두라 그리하면 네 하나님 여호와께서 네 손으로 하는 모든 일에 복을 내리시리라(신 24:19)." 밭에서 곡식을 거둘 때에 이삭을 밭에 남긴 채 잊고 왔거든 그 이삭을 집으러 되돌아가지 말라신다. 그것은 가난한 자들에게 남겨주라는 말씀이다. 이렇듯 이웃을 생각하는 마음이 있어야 복을 받는다.

"너희 중에 분깃이나 기업이 없는 레위인과 네 성 중에 거류하는 객과 및 고아와 과부들이 와서 먹고 배부르게 하라 그리하면 네 하나님 여호와께서 네 손으로 하는 범사에 네게 복을 주시리라(신 14:29)." "너희가 너희의 땅에서 곡식을 거둘 때에 너는 밭모퉁이까지 다 거두지 말고 네 떨어진 이삭도 줍지 말며(레 19:9)." 이 마음이 바로 큰 밭, 곧 하나님의 마음이다.

제3부 네 인생의 최고경영자가 되라

01
체스터필드: 네 인생의 최고경영자가 되라

필립 체스터필드(Philip Chesterfield)가 쓴 책으로 『아무도 네 인생을 대신 살아주지 않는다』가 있다. 그는 책을 통해 아들에게 '네 인생의 최고의 경영자가 되라' 당부했다.

네덜란드 헤이그에서 대사로 근무하는 등 영국의 정치가로 활동한 그는 아들에게 자신이 경험으로 터득한 인생의 지혜를 담아 편지를 보냈다. 그 속엔 역사, 지리, 문학 등 폭넓은 소양이 담겨 있었다. 하지만 그가 그토록 희망을 품고 있었던 아들은 죽고 말았다. 그는 죽는 순간까지 자신의 전 생애를 지배했던 타인에 대한 배려와 예의를 잃지 않고 재산 일부를 주변에 나누어준 뒤 1773년 78세의 일기로 세상을 떠났다. 그가 죽자 며느리가 시아버지의 편지 400여 편을 모아 '세계인과 신사가 되기 위한 방법에 관해 자기 아들에게 준 편지'라는 제목으로 출간되었다. 책이 나오자 영국 상류사회의 자녀들을 위한 교과서로 쓰일 만큼 인기를 얻었고, 영국의 주요 대학에서 교재로 사용했다. 그는 이 책에서 다양한 제의를 한다. 다음은 그 보기다.

"그 어느 때보다 바로 지금이 중요하다. 자신을 믿고 따라라. 게으른

다. 더 이상 '해야지, 해야지' 하며 미루지 말라는 말이다.

이 책은 평범한 소녀 키라가 어떻게 재정적으로 성공하게 되는가를 보여주는 어린이 경제동화다. 무엇보다 삶의 목표를 뚜렷이 한다. 먼저 '부자가 되고 싶은 열 가지 이유 적기'다. 이 가운데서도 세 가지를 추린다. 그렇게 되면 삶의 목표가 더 확실해진다. 그다음 '소원 앨범과 소원 상자를 만들기'다. 이 과정을 통해 막연한 것이 더욱 구체화된다. 그 외에도 '매일 성공일기 쓰기', '원금을 까먹지 않고 꾸준히 저축하기', '해보기 전까지는 미리 판단하지 않기' 등이 있다.

경제적으로 성공을 하기 위해서도 목표가 뚜렷해야 하고, 꾸준한 노력이 필요하며, 실패를 가정하지 않을 만큼 결단력과 의지가 필요하다. 오늘도 주저주저하며 한 걸음도 나아가지 못하고 있는가? 결단하라. 그리고 당신의 의지를 통해 삶을 지휘해나가라. 이제 당신이 당신의 CEO다.

03
공부: 공부는 아름다운 것, 미래를 설계하는 것

타지키스탄을 소개하는 텔레비전 프로그램에서 한 음악선생이 학생들에게 노래를 가르쳐준다. "배운다는 것은 아름다운 것이에요. 배운다는 것은 미래를 설계하는 것이에요. 배움을 사랑하세요. 배움을 기뻐하세요." 공부가 중요하다는 말이다.

학회에 참석했다. 학술주제가 해방 후 지식인이었는데 외솔 최현배가 거론되었다. 한글학회의 오동춘이 외솔의 시 두 편을 소개했다. 그중에 '공부'라는 제목의 시조시가 있다. 부제는 '청년에게 줌'이다. 조선 청년들에게 공부가 중요하다는 것을 심어주고 싶었던 외솔의 마음을 읽을 수 있었다.

학해가 깊고 넓어 피안이 아득하다
목적지 바로 보고 일심으로 가잖으면
한 벌에 헤맬 뿐이니 닿을 줄이 있으랴

젊은이 때 많다고 마음을 놓지 말라
광음이 살과 같이 덧없이 지나느니
흰서리 머리 위 질 때 뉘우친들 어이리

서늘한 가을만이 공부에 맞을 것가
봄여름 겨울철이 제각기 좋을시고
젊은이 촌음을 아끼어 열심으로 배우라

공부(工夫). 공(工)은 상하의 판자에 구멍을 뚫고, 그것을 막대기로 관통한 모양을 그린 것이다. 어려운 일이나 세공을 나타낸다. 어려운 것을 관통하기 위해선 집중이 필요하다. 공부는 그만큼 힘들다. 그런데 왜 지아비 부(夫)일까? 사내라면, 장부라면, 한 가정의 남편이라면 그 난관을 뚫고 가야 할 책임이 있다는 말이다. 지금이야 남녀구별이 없다. 나라의 미래를 책임져야 할 일꾼이 공부해야 하는 것은 마땅할 터. 외솔 말마따나 때 가리지 말고 공부할 일이다. 공부하는 당신이 아름답다.

04
아낙의 힘: 사람의 속마음을 깨우치고 북치라

외솔 최현배의 글을 보면 '아낙스런 힘'이란 특이한 단어가 나온다. 잘 쓰이지 않고, 사전에도 나오지 않는다. 하지만 '아낙'이나 '아낙스런'만큼 그의 사상을 가장 잘 대변해주는 단어도 없다.

> "나라를 만세 반석 우에 세우고자 하면 모름지기 바깥스런 정책보다도 아낙스런 개과천선의 정신적 부활이 있지 않으면 안 된다."

외솔의 이 글을 보면 아낙은 바깥과 대비되는 말임을 알 수 있다. 그는 『조선민족갱생의 도』를 통해 우리 민족이 겪는 고통과 비참함은 어느 체제이든 그 바깥스러운 짜임새에서 비롯된 것이 아니라 생기의 미약함에서 오는 것이므로 '아낙스러운 힘'을 높여야 한다고 주장했다. 이 땅의 페스탈로치가 되고자 한 외솔은 교육을 통해 아낙의 힘을 키우고자 했다.

외솔에 관해 글을 쓴 박영신은 '아낙스런'은 '안에서 우러나오는' 것이라 했다. 외솔에 따르면 아낙의 힘을 키우기 위해선 사람의 속마음 그것을 깨우치고 북치어야 한다. 바깥 것을 깊이 살펴 그것이 따라오도록 해야 한다.

아낙은 일반적으로 남의 집 부녀자를 일상적으로 이르는 말이다. 또한 집안에서 부녀자들이 거처하는 곳을 점잖게 이를 때 사용하기도 한다. 내당(內堂)이나 내정(內庭)이 그것이다. 아낙네는 '아낙'을 홀하게 이르는 말이고, 아낙군수는 밖에 나가지 않고 늘 집안에만 있는 사람을 놀릴 때 사용한다. 아낙은 밖이 아니라 '안'과 연관됨을 알 수 있다. 외솔은 그 안의 신비한 힘을 아낙의 힘으로 이끌어냈다. 내면의 힘, 곧 생기가 우리 민족에게 절실히 필요했기 때문이다.

가끔 글을 읽다 보면 '아낙스런' 생명수, '아낙스런' 모습이라는 단어를 만난다. 어느 학교 글에서 '학교의 바깥스런 발전상과 아낙스런 진보상을 들보고서'라는 글도 있다. '바깥스런 발전'은 외면적인 발전을 나타낸 것이고, '아낙스런 진보'는 내면의 성숙을 나타낸 말이다. 외솔의 표현을 그대로 닮았다.

"별빛 눈동자로 사는가.
초가섶 돋는 달 그리메로 사는가.
아낙스런 영혼의 외로움으로 사는가.
장지빛 노을의 안타까움으로 사는가.
하얀 바람이어라."

이인빈이 쓴 시 「박꽃」이다. 이 속에 '아낙스런'이 자리하고 있다. 외솔은 말한다. "인간은 사회조건(바깥)에 의해 영향을 받는다. 그러나 아낙스런 힘을 높여 능동의 주체가 되어라. 그리고 사회조건을 바꿔나가라.' "아낙스런 도덕의무를 스스로 높여갈 수 있도록 내면의 힘을 자극하고 북돋우라." 우리 시대가 필요한 아낙이 아닌가. 오늘따라 '아낙의 힘'이 돋보인다.

철학: 밥보다 더 중요한 것이 있다

200년 전만 해도 우리에겐 '철학'이란 말이 없었다. 일본인들이 사용한 단어가 우리에게 전해졌다고 한다. 물론 철학이 전에 존재하지 않았다는 말은 아니다. 서양에선 철학이 오래전부터 전해지고 있었다.

그런데 서양에서의 철학은 우리의 생각과는 좀 다르다. 신학과 법학을 중심 학문으로 봤고, 그 외의 것을 철학으로 본 것이다. 그 철학은 다른 학문의 출현이라는 의미로 사용되었다. 자연철학이 그 보기다. 자연과학을 전공해서 학위를 받으면 철학박사가 되는 것도 이 전통과 무관하지 않다.

그렇다면 신학과 법학 이전에 철학은 없었는가? 그렇지 않다. 이미 존재했지만 신학과 법학의 비중이 크다 보니 인정을 받지 못한 것뿐이다. 철학 하면 그리스를 꼽는다. 그리스가 지금 경제적으로 어려움을 겪고 있지만 서구는 그리스를 따로 떼놓으려 하지 않는다. 철학의 본산지이기 때문이다.

그리스 철학에 여러 갈래가 있지만 소피스트의 역할을 빼놓을 수 없다. 그런데 그들에 대한 평가는 그리 좋은 편이 아니다. 궤변으로 자기 이론을 합리화하고, 그 방법을 가르쳐 돈을 벌어들였기 때문이다. 소크라테스, 플라톤, 아리스토텔레스 등은 그들을 가리켜 바른 교훈을 주기보다 돈에 눈먼 사람들이라 비난했다. 그렇다고 비판자들이 소피스트의 방법을 버린 것은 아니다. 대화의 방법을 통해 자기주장을 폈다. 욕하면서 배운다.

우리는 철학과 종교를 혼동하지만 방법론이 아주 다르다. 철학은 이성 중심이고 논리를 강조한다. 이에 반해 종교는 감성 중심이고 사랑을 강조한다. 그래서 철학자는 냉철한 머리를 가져야 하고, 종교인은 뜨거운 가슴을 가져야 한다.

철학자는 합리적 이론을 좋아한다. 이론(theory)과 극장(theatre)은 어원이 같다. 보면서 평가한다는 뜻을 갖고 있다. 그런데 철학자들은 하나를 놓고도 이런 말 저런 말을 해 합의가 어렵다. 수학의 경우 한 사람이 주장하면 그것을 바탕으로 더 발전시킨다. 일부 철학자들이 이런 수학적 방식을 부러워했다. 대표적인 학자가 스피노자다. 그는 윤리학을 기하학적으로 접근하려 했다. 그가 쓴 『에티카』의 원래 제목은 '기하학적 질서에 따라 증명된 윤리학'이었다.

철학 하면 아직도 혼란스러운 사람이 있다. 철학이 어려울 수 있다. 그러나 철학이 있어야 세상이 보다 이성적이 된다. 철학은 논리학을 통해 이성과 질서를, 윤리학을 통해 사회에 규범을 세우고자 했다. "자네, 철학한다고?" "어떻게 밥 먹고 살려고?" 그러나 밥보다 더 중요한 것이 있다.

06
생명의 일 찾기: 억지로 하는 일은 도움이 되지 못한다

쿠라바야시 히데미츠, 그는 '생명의 일' 찾기 전도사다. 도카이대학 문명학과를 졸업한 그는 자아실현을 위해 이직을 반복했다. 솔직히 말하면 젊은 시절에 받은 정신적인 충격 때문에 신체적 이상증세, 곧 끊이지 않는 딸꾹질로 무려 34번이나 회사를 옮겨야 했다. 정신적 충격이란 같이 살던 애인이 도망한 사건을 말한다. 실연의 결과는 쓰디썼다.

신체장애자, 사회부적응자로 살아가다 29세 때 샐러리맨 생활을 청산하고 계간지 출판사를 거쳐 독립한 뒤 편집 프로덕션 '라포토'를 설립했다. 스스로 생명의 일을 찾은 뒤부터 그를 괴롭히던 증세도 말끔히 사라졌다.

생명의 일이란 하늘이 당신에게 부여한 신성한 일, 당신만을 위해 준비되고 당신밖에 할 수 없는 일, 미치도록 하고 싶은 일, 곧 천직을 말한다. 그는 『싫은 일은 절대로 하지 말라』는 책을 썼다. 억지로 하는 일은 자신이나 하늘에 도움이 되지 못한다.

그는 스스로 생명의 일을 발견하기 위한 팁도 제시한다. 결점을 통해 자신을 본다. 그쪽을 택하지 않는 것이다. 학창 시절 좋아했던 과목들, 좋아했던 일, 즐거워했던 일, 하면서도 힘든 줄 몰랐던 일, 흥미로운 일이 우선 대상이다. 모르면 일상에서 벗어나 새로운 경험을 해본다. 생명의 일을 발견할지 혹시 알랴. 세상에 공헌할 수 있는 방법도 생각해보고, 다른 사람의 의견도 들어본다. 나만의 생명의 일이 무엇인지 발견하고, 검사하고, 그 일로 인해 얻을 수 있는 좋은 점이 무엇인지 살펴본다.

단순히 조건이 좋아서 일하던 시대는 지나갔다. 그것이라면 밤새워도 기뻐할 수 있는 일을 하라. 창의성은 그런 일에서 나온다. 그 일을 통해 다른 사람에게 도움을 줄 수 있다면 금상첨화다. 하나님이 당신에게만 허락한 생명의 일에 매진하라.

07
프리먼과 플러머: 기회는 준비된 자에게 온다

고대 로마신화에서 포르투나(Fortuna)는 기회와 행운의 여신이다. 달려오는 그를 잡으려면 앞 머리카락을 낚아채야 한다. 이미 지나간 뒤 잡으려 하면 실패할 수밖에 없다. 포르투나는 뒤에 머리카락이 없기 때문이다.

모건 프리먼은 포르투나를 나이 쉰이 되어서야 만날 수 있었다. 그나마 여신은 달려와 안기지 않고 멀리 스쳐가려 했다. 하지만 그 순간 포르투나의 앞머리를 놓치지 않았다. 무명 연기생활 38년 만이었다. 그리고 2005년 드디어 아카데미 남우조연상을 거머쥐었다.

크리스토퍼 플러머가 만 82세의 나이에 마이크 밀스 감독의 <비기너스>라는 작품으로 2012년 아카데미 남우조연상을 탔다. 1953년에 데뷔했으니 연기생활 59년 만이다. 그가 누구인가? 영화 <사운드 오브 뮤직>에서 해군대령 트랩으로 나와 에델바이스를 멋지게 부르지 않았는가. 아카데미 시상식장에서 역사상 최연장자로 기립박수를 받은 그는 "저는 태어날 때부터 아카데미상을 받게 되면 어떤 말을 해야 할지 준비해왔다. 하지만 아주 오래전이라 기억이 나지 않는다"고 했다. 농담이다. 행운은 늦게 찾아올 수도 있다.

사람들은 누구나 한 번은 포르투나와 마주친다고 말한다. 정말 그럴까? 프리먼이나 플러머는 가르쳐준다. 기회는 준비된 자에게 온다는 사실을. 포르투나는 결코 그 비밀을 말하지 않는다. 다만 준비된 자가 누구인지 알고 있다. 포르투나는 절묘한 시기에 그를 찾아간다.

부탁할 것이 하나 있다. 포르투나만 기다리지 말고 모든 일에 최선을 다하고, 열심히 살기 바란다. 삶에서 이처럼 중요한 것은 없다.

08
고슴도치 개념: 세상을 좀 더 크게 보며 나아가라

이사야 벌린(Isaiah Berlin)의 수필 가운데 「고슴도치와 여우」가 있다. 그는 세상 사람을 고슴도치와 여우로 나누었다. 여우는 많은 것을 알지만 고슴도치는 한 가지 큰 것을 안다는 특징이 있다.

세계는 복잡하다. 하지만 고슴도치는 그 복잡한 세계의 모든 것을 한데 모아 안내하는 단 하나의 체계적인 개념이나 기본 원리로 단순화한다. 한 가지 큰 것만 알고 그것에 집착할 만큼 단순하다.

짐 콜린스는 이를 고슴도치 개념으로 발전시켰다. 그는 좋은 기업에서 위대한 기업으로 도약하자면 역량이라는 저주에 얽매이지 않는 초연함이 필요하다고 말한다. 단지 뭔가가 기업의 핵심 사업이라 해서, 아니 단지 몇 년, 몇십 년 그 일을 해왔다고 해서 반드시 그 일에서 세계 최고가 될 수 있는 것은 아니다. 도약에 성공한 기업들은 세 가지 핵심 범주, 곧 세 개의 원에 대한 이해를 바탕으로 전략을 세워 나갔다. 그의 고슴도치 개념은 이 세 가지 원이 겹치는 부분에서 나온 단순 명쾌한 개념이다.

첫 번째 원은 당신이 세계 최고가 될 수 있는 일이다. 이 기준은 지금의 핵심 역량을 넘어선다. 핵심역량이 어느 한 부문에 집중되어 있다고 해서 당신이 그 부분에서 세계 최고가 될 수 있는 것은 아니다. 거꾸로, 현재 손도 대지 않고 있는 일에서 세계 최고가 될 수도 있다.

두 번째 원은 당신의 경제엔진을 움직이는 것이다. 위대한 기업으로 도약한 기업들은 모두 지속적이고 활발한 현금 흐름과 수익성을 가져오는 방법을 예리하게 통찰하고, 자기네 경제 상태에서 가장 크게 영향을 미치는 단 하나의 기준, 곧 개당 수익을 발견했다.

세 번째 원은 당신이 깊은 열정을 가진 일이다. 위대한 기업으로 도약한 기업들은 자신들의 열정에 불을 지피는 사업에 열중했다. 열정을 자극하는 것이 아니라 당신이 열정을 느끼는 일이 무엇인지 발견하는 것이 더 중요하다.

콜린스의 고슴도치 개념은 좋은 기업에서 위대한 기업으로 가기 위한 방안 중 하나다. 그는 지금 당신이 하고 있지 않은 일에 지금보다 더 큰 역량이 있을 수 있고, 항상 수익성을 염두에 두어야 하며, 당신이 열정을 느끼는 것에 집중하라 한다. 여우가 될 것인가 고슴도치가 될 것인가는 당신의 결정에 달려 있다. 세상을 좀 더 크게 보며 나아가라. 그곳에 당신의 미래가 있다.

09
개같이 벌어 정승같이 쓴다: 당당하게 벌고 멋지게 써라

·

개와 관련된 속담이 많다. '개도 제 주인을 알아본다', '개 팔자 상팔자', '개 밥에 도토리', '닭 쫓던 개 지붕 쳐다본다', '개똥도 약에 쓰려면 없다', '서당 개 삼 년에 풍월을 읊는다', '죽 쒀서 개 준다.' 가장 대표적인 속담이 '개같이 벌어 정승같이 쓴다'는 것이 아닐까 싶다. 개와 관련된 속담이 많은 것은 개가 인간에게 그만큼 친숙하다는 것을 보여준다.

'개같이 벌어 정승같이 쓴다'는 것은 과연 무슨 뜻일까? 이 뜻을 명쾌히 밝히기는 쉽지 않다. '개같이'를 어떻게 설명하느냐에 따라 상반된 의미를 가질 수 있기 때문이다.

우선 이 속담은 과거 신분제 사회에서 생겨났다. 개와 정승은 이 사회에서 확실히 구분된 신분을 대표하고 있다. 개가 인간 대우를 받지 못하는 하층계급을 대표한다면 정승은 상층계급을 대표하는 귀하신 몸이다. 이것이 개를 그저 동물로만 볼 수 없는 이유다.

개같이 번다는 것은 무슨 의미일까? 개는 먹이에 집중한다. 먹이가 자신의 생명과 직결되기 때문이다. 배가 고프면 먼 거리도 아랑곳하지 않고 찾아가며, 열심히 코를 킁킁거린다. 사람도 마찬가지다. 돈을 버는 데 천한 일, 더러운 일을 가리지 않는다. 가린다면 살아갈 수 없다. 미천한 계급에 속한다면 더 그렇다.

'개같이'를 부정적인 의미로 해석하는 이도 있다. 수단과 방법을 가리지 않고 돈을 번 것으로 이해하는 것이다. 부정한 방법으로 돈을 벌어도 그것을 따지지 않는다면 잘못되었다는 말이다. 이 해석도 아주 틀린 것은 아니다. 돈을 벌려면 정당한 과정을 거쳐 떳떳하게 벌어야 한다는 것을 가르쳐주기 때문이다.

김열규는 이 속담을 '천한 일, 더러운 일을 가리지 않고 쓸 때는 고귀하게'라고 정의한다. 미천한 처지에서도 성실하게 올바른 과정을 통해 돈을 벌어서 품위 있게 쓴다는 것이다. 부정한 방법으로 돈을 벌었는데 정승처럼 쓸 수는 없기 때문이다. 그런 사람이라면 감옥에 있어야 하고, 그 돈은 몰수되어야 한다.

신분사회에서 백성들은 꿈을 가지고 있었다. 비록 신분상으로는 대우를 받지 못하지만 열심히 돈을 벌어 보다 보람되고 의미 있게 사용하겠다는 꿈이다. 이것이 '정승같이'라는 말에 함축되어 있다. 신분상 도저히 정승이 될 수 없지만 번 돈을 쓰는 데서만큼은 그 꿈을 이루고 싶은 것이다.

현대는 과거와 같은 신분사회는 아니다. 하지만 돈을 버는 것은 옛날이나 지금이나 쉽지 않다. 그러나 모두 한결같은 꿈을 가지고 있다. 당당하게 벌어 멋지게 쓰겠다는 꿈이다. 직업에 귀천을 따지지 아니하고, 자신의 사치보다 이웃의 아픔을 생각하며, 절제하고 절제한 것을 나누는 것이다. 이 어찌 귀하지 아니한가. 예수님도 배고파하는 무리를 보며 제자들에게 말씀하셨다. "너희가 먹을 것을 주라." 열심히 벌고 정승같이 쓰자.

10
퇴계: 책을 읽었다면 본바탕이 변하도록 하라

김영두가 퇴계 이황의 어록을 새롭게 풀어쓴 책으로 『퇴계, 인간의 도리를 말하다』가 있다. 퇴계가 평소 주장한 이기론(理氣論)에서부터, 정신수양법, 책 읽기, 마음가짐, 벼슬길에서 나아가고 물러나는 도리, 선물을 주고받는 의리까지 그의 언행을 스무 개의 주제로 갈라놓았다. 퇴계는 평소 이가 주인이 되어 기를 거느리는 것을 긍정적으로 보고 기가 이를 이기는 것을 부정적으로 보며 마음을 바르게 지키고 기르기를 힘썼다.

책을 보면 그가 얼마나 검소하고 곧게 살고자 했는가를 알 수 있다. 논어, 맹자, 대학, 중용 등 사서를 중시했지만 과거시험을 위해 사서를 읽는 것을 비판했다. 과거 준비를 진정한 공부로 여기지 않았기 때문이다. 하지만 제자들이 과거에 응하는 것은 막지 않았다. 작은 집에서 낡은 옷을 입고 거친 음식을 먹으며 살았다. 처가에서 땅을 받았지만 이것은 멀리했다. 서울에 마련된 번듯한 집에서도 지내려 하지 않았다. 그래도 세금을 내거나 부역을 나갈 때 일반 백성보다 앞서 모범이 되었다. 관에서 지키는 잣나무 숲 관리 당번도 마다하지 않았다. 남이 선물을 보내면 많은 것은 사양하고 적은 것만 받았다.

사람을 맞을 때 기쁨이나 화 등을 드러내지 않았다. 젊은이라도 이름을 놔두고 '너'라고 부른 적이 없었다. 유연한 처신을 했고 편견 없이 상대의 의견을 대했다. 생각이 다른 경우에도 감정을 다치지 않으면서 솔직하게 자기의 주장을 전달하기 위해 애썼다. 칭찬에 인색하지 않으면서도 자신이 도리에 어긋나는 말을 하지 않을까 조심했다. 그리고 아무리 쉽고 가벼운 질문이라도 잠시 생각하고 대답하였다.

젊은 시절 의정부 사인(舍人), 곧 정4품 관직에 올랐을 때 잔치 자리에 갔다. 노래하는 기생들이 가득한 것을 보며 불현듯 욕망이 솟구쳤다. 하지만 그는 힘을 다해 욕망을 억누르며 스스로 구렁텅이에서 빠져드는 것을 막았다. 그는 이것을 두고 삶과 죽음의 갈림길이라 했다.

이 책에서 무엇보다 의미 있게 다가온 내용은 그의 독서법 숙독(熟讀)이었다. 이것은 그저 속독과 반대되는 말이 아니다. 책을 읽는다는 것은 책 속에 담긴 정보를 자기 것으로 만드는 것으로 그치는 것이 아니라 글을 읽으면 그 뜻을 깊이 익혀 심성을 기르고 학문을 이룩하는 단계까지 가야 한다. 책을 읽었는데도 본바탕이 변하지 않으면 제대로 읽은 것이 아니라는 말이다. 500년이 넘은 성현의 가르침 속에서 오늘 우리가 배워야 할 것이 너무나 많다.

11
김교신: 정직이 인격이다

"정직이 최상의 정책이다." "정직과 성실은 삶의 금메달이다." "하늘은 정직한 자를 지킨다." "오래가는 행복은 정직한 것 속에서만이 발견할 수 있다." "참외 밭에서는 신발 끈을 매지 마라. 너의 정직이 오해받을 수 있다." 정직에 관해 찬사가 끊이지 않는 것은 삶에서 귀한 자리를 차지하고 있기 때문이리라. 거꾸로 말하면 그만큼 지켜내기 어렵다는 것이고, 사실 이 문제에서 자유로운 사람은 아무도 없다.

직장이든 사회든 어디든 정직을 강조한다. 학교의 경우 정직은 시험과 연관이 많다. 동요작가 윤석중이 양정학교 시절 김교신 선생을 추억했다. 선생은 늘 정직하게 살 것을 강조했다. 다음은 그에 대한 일화다.

하루는 선생이 커닝을 한 학생을 향해 일렀다. "아무개는 더럭더럭 내주는 졸업장도 받을 자격이 없다고 하면서 퇴짜를 놓고 나간 적이 있는데, 자네는 어쩌자고 그 짓을 하고 앉았는고. 남의 것을 보고 베껴 좋은 점수를 땄다고 치자. 그런 식으로 학교를 나오고 그런 식으로 이 세상을 살아간다면 협잡꾼밖에 더 되겠는가. 한심한 노릇이로다." 이렇게 말하면서 선생은 주르르 눈물을 흘렸다.

정직이 인격이다. 아주 값진 인격이다. 오죽하면 정직한 자는 하나님이 창조한 작품 가운데 가장 기품이 높다 하겠는가. 다짐해 본다. "어제보다 오늘 더 정직하자. 오늘보다 내일 더 정직하자. 정직과 성실로 식물을 삼자." 그러면 사회가 그만큼 맑아지리라.

12
마우스 매니지먼트: 입을 경영하라

로버트 제누아가 쓴 Mouth Management가 『당신의 입을 다스려라』는 제목으로 나왔다. 경영학을 하면서 '입 관리'라는 말은 처음 들어본다. 경영학의 대상이 아닌 것이 없다.

우리는 늘 말을 하고 산다. 살면서 부딪히는 모든 문제의 시작과 끝이 말에 있다. 말로 시작하고 말로 끝을 맺는다. 그런데 그 말 때문에 돌아서서 후회하는 때도 적지 않다. 제누아는 결코 후회하지 않는 가장 명확하고 쉬운 방법, 곧 첫 번째 원칙은 입을 다스리는 것이라 주장한다.

말에 관해 우리에게 가장 의미 있는 가르침을 준 인물은 야고보이다. 그는 말한다. "사람마다 듣기는 속히 하고 말하기는 더디 하며 성내기도 더디 하라(약 1:19)." 생각해보며 말하란 말이다. 대천덕 신부도 "우리가 성령 충만하지 않을 때 함부로 말하지 않게 하시고, 중요한 결정을 내리지 않게 하소서" 기도했다. "입을 지키는 자는 자기의 생명을 보전하나 입술을 크게 벌리는 자에게는 멸망이 오느니라(잠 13:3)." "입과 혀를 지키는 자는 자기의 영혼을 환난에서 보전하느니라(잠 21:23)." 입을 경영하라.

13
벨라루스 자작나무: 버릴 것 없는 사람이 되라

벨라루스의 겨울은 길다. 12월에서 4월까지 눈이 많이 내린다. 추운 나라답게 자작나무가 아주 많다. 나무의 흰 껍질은 흰 눈과 아주 어울려 장관을 이룬다. 그 나라 사람들은 자작나무를 가리켜 '버릴 것이 없는 나무'라 한다. 눈이 녹을 때 사람들은 나무줄기에서 수액을 얻느라 바쁘다. 몸에 좋기 때문이다. 나무껍질로는 신발을 만들어 신는다. 통풍이 잘되고 편안하다. 물론 그 나무를 베어 아름답게 집도 짓는다.

포르투갈의 에보라는 코르크의 도시다. 코르크나무가 많기 때문이다. 그 나라에서 이 나무는 버릴 것이 없는 나무다. 사람들은 이 나무의 껍질을 벗겨 다양하게 사용한다. 포도주의 코르크로 제일 많이 사용하고, 가방·병·받침대·우산 등 각종 장식품과 생활용품으로 만들어 사용한다. 질이 좋은 코르크는 고급 포도주에 사용하고, 나쁜 것은 저급 포도주에 사용한다. 한 번 벗겨진 껍질이 완전히 재생되는 데 9년이 걸린다. 9년마다 껍질을 내어주는 고마운 나무라는 말이다.

사람들은 버릴 것이 없는 이 나무들을 애지중지한다. 삶에 꼭 필요하기 때문이다. 어찌 나무뿐이랴. 돌아보면 우리 주변에도 버릴 것 없는 사람들이 참 많다. 남이 놀 때 오히려 비지땀 흘리는 사람들, 바쁜 가운데서도 남을 위해 기꺼이 손발이 되어주는 사람들, 길에 떨어진 휴지와 깨어진 유리 조각을 말없이 줍는 사람들. 그 사람들에게 감사한 적 있는가. 아니, 그런 사람이 된 적 있는가.

버릴 것 없는 사람이 되라는 것은 꼭 특별한 사람이 되라는 것이 아니다. 사람들에게 꼭 필요한 사람이 되라는 말이다. 당신이 어두운 구석에 등불 하나 켤 때 우리 사회는 그만큼 밝아질 것이다.

14
손해 보며 살기: 손해 보는 사람이 존경을 받는다

외솔 최현배의 말 가운데 지금도 잊을 수 없는 것이 있다. "좀 손해 보는 사람이 되라." 쉬운 말이지만 삶에서 지키기 어려운 말이기도 하다. 그런데 뉴스를 보면 가끔 손해 보며 사는 사람들이 있다. 우리는 그들을 보며 감사하기도 하고, 감격하기도 한다.

3D 봉사의 모범으로 박영자라는 분이 소개되었다. 그는 1938년 서울에서 태어났다. 젊은 시절 쌀가게를 했던 남편 사이에 1남 2녀를 두었다. 그런 그가 정식 호스피스 자격증을 취득하고 세브란스 병원 암센터, 응급실, 호스피스병동 등에서 3만 시간이 넘게 자원봉사자로 활동하고 있다.

세브란스 병원서 20년간 자원봉사를 하는 동안 암, 에이즈환자 등 1,000여 명을 임종시켰다. 이들을 돌보기는 어지간한 강심장이 아니고서는 어렵다. 그런데도 그는 의료봉사자들도 꺼리는 3D 중의 3D봉사 분야를 택하였다. 세브란스병원에서 에이즈환자를 돌보는 봉사자로는 그가 유일하다.

그런 그가 말했다. "내가 돌본 환자 살릴 수만 있다면 죽는 날 내 육신 모두 주고 갈 것이다." 환자에 대한 사랑이 극진하다. 그는 이미 남은 육신도 주고 갈 준비를 끝냈다. 시신기증, 안구기증 모두 예약해놓은 것이다. 살이나 뼈, 근육도 필요한 사람에게 모두 주기 위해 인체조직기증도 생각하고 있다. 살신성인의 모범이 아닐 수 없다.

보통 사람에 비해 그는 이미 손해 보며 사는 사람이다. 자신만을 아는 사람에 비하면 아주 크게 손해 보며 사는 사람이다. 그런데 기꺼이 더 손해 보고자 한다. 보통 경지가 아니다. 그를 존경하지 않을 수 없다. 손해 보는 사람은 존경을 받아 마땅하다. 그래야 되지 않겠는가.

15
오영석: 지성을 다하면 하늘도 감동한다

그리스도인의 특징은 감사에 있다. 감사절에만 감사하는 것이 아니라 늘 감사해도 부족하기에 감사하며 산다. 그런데 유진 피터슨은 실제 삶에서 감사하라 한다. 좀 더 구체적으로 감사하라는 말이다.

감사는 꼭 나에게 해당되어야 감사한 것이 아니리라. 나와 상관이 없다 해도 그 일로 인해서 하나님께 감사할 수밖에 없다면 그 또한 차원이 다른 감사가 아니겠는가. 언젠가 '하나님 전상서'에 대한 글을 읽고 감사한 일이 있었다. 한신대 오영석 교수에 관한 이야기다.

어릴 적 그는 전남 해남에서 살았다. 아버지가 머슴살이를 할 만큼 가난한 처지여서 중학교에 진학하지 못하고, 아버지를 따라 나무를 해오고 풀을 베며 살았다. 그러나 시간이 갈수록 공부를 하고 싶다는 마음이 간절했다. 그는 어머니를 따라 교회에 가서 열심히 기도했다. "하나님 제발 저에게 공부할 수 있는 길을 열어주십시오."

응답이 없자 하나님께 직접 자신의 간절한 마음을 전해야겠다는 마음이 들어 편지를 쓰기 시작했다. "하나님, 너무나 공부를 하고 싶습니다. 야간학교라도 좋습니다. 저를 도와주신다면 어떤 일이라도 하겠습니다. 굶어도 좋고 머슴살이를 해도 좋습니다." 그는 자신이 얼마나 공부하고 싶은지, 그리고 자신의 가정형편이 어떤지 빠짐없이 적었다. 그리고 봉투엔 '하나님 전상서'라 쓰고 우체통에 넣었다.

우체국직원들은 그 편지를 어디에 전해야 할지 고민했다. 우체국장은 '하나님 전상서'라 했기 때문에 교회에 갖다 주는 것이 좋겠다 판단하고 해남읍교회 이준묵(1911~2000) 목사에게 전하도록 했다. 이 목사는 당시 고아를 데려다 키우고, 해남에 YMCA를 세우며, 농촌 계몽운동에 앞장선 분이었다. 편지에 감동을 받은 목사님은 그를 조용히 불렀다. 그리고 교회에서 운영하는 보육원에 살게 하고 과수원 일을 돕게 하면서 중학교에 다니게 했다.

열심히 공부한 그는 한신대에 진학했고, 졸업한 다음엔 고향 해남에 와서 목회하다가 스위스 바젤대로 유학을 갔다. 박사학위를 받고 모교의 교수가 되었고, 훗날 총장까지 하게 되었다. 그 소년이 바로 오영석 전 한신대 총장이다. 그의 성공 뒤엔 이준묵 목사와 사모의 헌신이 있었다.

이 사건을 생각하면 할수록 감사의 조건이 많다. 가난한 환경에서 하나님께 나아가도록 하신 것, 기도하며 편지 쓰게 하신 것, 그 누구보다 하나님께 쓰도록 하신 것, 우체국장이 그의 편지를 장난으로 보지 않고 진지하게 받아들여 이 목사에게 전한 것, 목사님이 그 편지에 감동하고 그에게 배움의 길을 열어 준 것, 중학교로 끝나지 않고 계속해서 공부할 수 있도록 하신 것 하나하나 모두 감사하다. 하나님은 감사의 조건 하나로 끝나지 않고 계속 이어지게 하셨다. 보이지 않게 이 모든 일을 이루게 하신 분은 하나님이시다. 이 하나님이 없다면 감사도 없다. 하나님은 오늘도 우리의 삶 속에 감사가 넘치게 하신다. 우리의 작은 목소리에도 응답하시는 하나님께 감사하라. 지성을 다하면 하늘도 감동한다.

제4부 세차게 바람 불수록 꼿꼿하게 서라

01
포르투갈 포도주: 척박한 땅이 좋은 포도주를 만든다

"비옥한 땅에서 좋은 포도주가 나온다." 이것은 우리의 일반적인 생각이다. 그런데 포르투갈에서 이것은 틀린 말이다.

포르투갈 포도주는 맛있는 포도주로 정평이 나 있다. 그런데 그 비결은 척박한 환경에 있다. 뜨거운 태양과 혹독하게 추운 겨울, 그리고 척박한 땅이다. 척박한 환경에서 자란 포도라야 맛있는 포도주를 만들 수 있다는 것이다. 비옥한 땅에서 좋은 포도주가 나올 것이라는 우리 생각을 뒤집는다.

삶에서도 마찬가지다. 양학선 선수는 런던 올림픽 도마에서 금메달을 땄다. 그의 집은 비닐하우스였고, 라면은 그의 주식이었다. 가난과 역경이 그를 더 단단하게 만들었다. 그의 불굴의 의지는 스프링보드를 딛는 순간 튀어 올랐다. 그의 '양1' 기술은 그에게 날개를 달아주었다. 그의 마지막 착지 순간은 많은 사람의 숨을 멎게 했다.

문지영도 독일 에틀링겐에서 열린 국제 피아노 청소년 콩쿠르에서 우승했다. 음악적 상상력이 17세라고는 믿기지 않을 정도로 놀랍다는 평가를 받았다. 그런데 우리를 놀라게 한 것은 그의 음악적 재능보다는 그의 집에 피아노가 없다는 사실이었다. 그의 부모는 지체장애자이자 기초생활수급자이다. 그는 예술중

학교에 합격했지만 돈이 없어 입학도 하지 못했다. 그는 동네 교회와 학원을 돌아다니며 하루 8시간씩 피아노를 쳤다. 그런 가운데 국제대회에서 우승했다.

두 사람 모두 척박한 땅이 좋은 포도주를 만든다는 사실을 가르쳐준다. 환경이 어려울수록 좌절하기 쉽다. 그러나 환경 때문에 좌절하는 자에게 박수를 보내는 사람은 없다. 오히려 그 환경을 딛고 일어서는 자만이 박수를 받는다.

02
인격: 누구나 인격을 가지고 있지만
존경받는 인격은 드물다

베이징대가 2009년 신입생 선발 기준을 정했다. 중고생들의 품행이 사회문제로 번지자 학교장 추천에 따라 이 기준을 모집에 활용한 것이다. 한자 16자로 구성된 선발방침은 다음과 같다.

- 열애북대(熱愛北大)-베이징대를 사랑하고
- 심계천하(心繫天下)-세상을 근심하며
- 인격건전(人格健全)-건전한 인격을 갖추고
- 성적우수(成績優秀)-학업성적이 좋을 것

당초에는 심계천하가 아니라 효경부모(孝敬父母)였는데 타인과 국가 사회에 대한 봉사 쪽으로 바뀌었다. 내심 불효자는 뽑지 않겠다는 뜻이 아닐까 싶다. 여기에서 나의 주목을 끈 것은 건전한 인격이다.

"BQ를 높여라"라는 말이 있다. IQ와 EQ에 이어 BQ가 직장인들의 새로운 능력평가 척도로 등장했다. Brain(지능), Beauty(아름다움), Behavior(행동력) 등 3B를 합한 BQ는 사람이 내적 외적으로 얼마나 뛰어난지를 보여주는 명석지수(Brilliant quotient)를 의미한다. 대만에서는 "IQ나 EQ만으로 직장인들의 능력과 가능성을 평가하던 시대는 지났다. 지능, 외적인 미와 행동력이 주요기준으로 자리 잡고 있다"고 보았다. 인격을 높이 사겠다는 말이다.

빌 하이벨스에 따르면 인격은 나 자신을 가장 명확하게 드러낼 수 있는 중요한 요소이다. 인격은 말이나 행동 등에 나타나는 사람의 품격이다. 인간관계뿐 아니라 아무도 보는 사람이 없을 때 우리가 하는 행동에 따라 인격이 평가되기도 한다. 인격은 온갖 행위를 함에 있어서 스스로 책임을 질 자격을 가진 인물인지 아닌지도 드러난다.

자신의 단점을 잘 아는 사람일수록 마음이 따뜻하다고 한다. 객관적인 자기를 들여다볼 수 있기 때문이다. 자기를 잘 알면 그만큼 남을 배려하는 데 인색하지 않다. 입장을 바꿔 생각하기가 쉽기 때문이다. 변질되지 않는 진심과 포용력 있는 태도는 사람들의 마음을 감동시키는 힘이 있다. 그것이 바로 인격이다.

그 인격이 자꾸 변한다. 나이가 먹으면서도 변하고, 상황에 따라 달라지기도 하고, 여러 조건에 따라 다른 모습을 띠기도 한다. 그러므로 끊임없이 자기성찰과 겸손한 마음가짐으로 올바른 인격을 닦아나가야 한다. 누구나 인격을 갖고 있지만 존경받는 인격은 드물다.

03
스티브 잡스: 항상 갈망하며 우직하게 도전하라

잡스의 생부는 아이를 양부모에게 맡기면서 꼭 대학에 보내도록 했다. 양부모 자신들은 대학의 문턱에 가보지 못했지만 그를 미국에서 가장 학비가 비싼 대학 가운데 하나인 리드대학에 입학시켰다. 하지만 그는 대학을 중퇴했다. 노동자 계층에 속하는 양부모의 돈을 많이 쓰는 것에 죄의식을 느꼈기 때문이다.

그는 반항적 기질도 컸다. 고등학교 때 이미 마리화나, 환각제에 손댄 그는 양부모의 분노를 샀다. 그래도 그는 자신의 의지를 꺾지 않았다. 고등학교 3학년 때는 훗날 딸 리사를 낳은 크리스앤 브레넌과 부모의 반대에도 불구하고 야산의 오두막에서 동거했다. 고등학교 때부터 히피였던 그가 히피 생활 방식으로 유명한 리드 대학을 선택한 것도 우연이 아니었다. 딸 리사를 자신의 아이가 아니라고 하다 유전자 검사 결과를 수용하고 결국 자신의 아이임을 인정했다. 그러나 통계적으로 미국 남성 28%가 그 아이 아버지일 수 있다며 자신을 합리화했다. 이것은 반항 기질일까 비겁함일까? 그가 한 말이 있다. "우리는 모두 불완전한 인간이다." 이것이 답이 될 수 있을지 모르겠다.

"매일을 인생의 마지막 날인 것처럼 살아간다면 어느 날 매우 분명하게 올바른 길에 서 있는 당신 자신을 만날 수 있을 것이다." 스티브 잡스가 17살 때 한 말이다. 아픈 나날을 보내면서 늘 오늘이 내 인생의 마지막 날이라 생각했을 그다. 그런데도 그는 애플 컴퓨터, 토이스토리, iPod, iPad 등 신기한 것들로 사람을 즐겁게 해주었다.

애플에서 쫓겨나던 날 그는 창의력을 발휘할 수 있는 더 큰 문을 열었다고 했다. 큰 깨달음을 얻은 것이리라. 잡스가 스탠퍼드대 졸업생들에게 한 말을 우리는 감명 깊게 기억하고 있다. "시간을 허비하지 말고, 항상 갈망하며, 우직하게 도전하라." 이 말은 히피족 몽상가 스튜어트 브랜드가 카탈로그에 쓴 문구였다.

검정 티셔츠에 청바지는 그의 트레이드마크다. 그는 히피 마인드로 살아온 인물이다. 그만큼 도전적이었다. 애플 기기를 통해 오늘도 사람들을 즐겁게 하니 생산적 히피임엔 틀림없다.

04
선비와 신사: 정신만 살아 있으면 존경을 받는다

선비 하면 우리는 시골의 훈장 선생님이 떠오른다. 꼬장꼬장한 모습에, 타협할 줄 모르는 정의파. 그렇지만 정신만은 살아 있어 가난해도 존경을 받는다.

이규태에 따르면 한국의 선비는 단치적 의식구조를 가지고 있다. 어느 것만이 가치가 있고 오직 그것뿐이어야 하며 삶은 그것에 이르는 과도적 준비에 불과하다. 외골수라는 말이다. 이 단치적 사고는 최고, 일류, 완벽을 추구하고, 최고(best)에만 만족하게 한다. 최고는 사실 멀고도 힘들다. 그래서 종종 허울로 자기를 가린다. 또한 선비는 인격적 가치를 위해 다른 가치들, 곧 경제적 가치나 사회적 가치를 경시하는 경향이 있다. 따라서 똑같이 일류를 추구함에 있어서 경제적 가치와 조화를 이루지 못하는 특성이 있다.

한국의 선비와 비견되는 서구의 선비는 무엇일까? 영국의 신사도라면 어떨까 싶다. 이규태는 서구는 가급적 모든 일이나 사물에 가치를 부여하려는 다치적 의식구조를 가지고 있으며 최선(best)뿐 아니라 차선(second best)에도 만족하고, 또 차선 이하의 척도에서도 만족할 줄 안다. 적어도 외골수는 아니란 말이다. 포용력이 엿보인다.

영국의 신사도에 있어서 진정한 신사는 자신뿐 아니라 다른 사람들을 존중(respect others)하고, 외모보다 도덕적 가치(moral worth)를 중히 여기며, 그 사람이 물질적으로 무엇을 소유했는가 하는 것보다 그 사람이 가진 질적 속성(personal qualities)에 더 무게를 둔다. 이런 점에서 보면 영국의 신사도나 한국의 선비들의 가치관이 그리 달라 보이지 않는다.

그런데 놀라운 것은 매매(賣買)라는 한자에 '선비 사(士)' 자가 있다는 것이다. 장사하는 사람을 선비로 생각해본 적이 없는 우리에게 적지 않은 충격을 준다. 매매에 선비라는 말이 들어 있는 것은 장사에도 도가 있음을 가르쳐준다. 이것은 사업을 주요 생활수단으로 하는 이 시대가 유념해야 할 부분이다. 사고 팔 때도 선비답게 하라. 고객을 존중하며, 겉모습보다 사람의 가치를 중시하며, 성품을 다할 때 결과는 달라질 것이다. 지금 세상에 선비가 어디 따로 있겠는가? 모든 일에 지고지선(至高至善)을 다하면 선비가 아니겠는가.

봉래산 소나무: 세차게 바람 불수록 꼿꼿하게 서라

"이 몸이 죽어가서 무엇이 될꼬 하니
봉래산(蓬萊山) 제일봉에 낙락장송(落落長松) 되었다가
백설이 만건곤(滿乾坤) 할제 독야청청(獨也靑靑) 하리라."

단종을 향한 성삼문의 단심가다. 이 시를 현대어로 고치면 다음과 같다.

"이 몸이 죽어서 무엇이 되면 좋을까 생각하니
봉래산에서 가장 높은 봉우리에 우뚝 솟은 크고 높은 소나무가 되었
다가
흰 눈이 내려서 온 세상이 하얗게 될 때, 나 홀로 푸른 모습으로 남아
있으리라."

단종 복위사건으로 처형당하게 되었을 때 모두가 세조의 편을 든다 해도 자기만큼은 단종을 받들겠다 했다. 온 세상이 흰 눈으로 덮였을 때 자신만이라도 홀로 초록빛으로 남겠다는 것이다. 그는 세조를 결코 임금이라 부르지 않았다. '나리'라 했다. 화가 난 세조가 "그러면서도 내가 내려준 양식은 먹었느냐" 다그쳤다. 그는 자기의 곳간을 가보라며 그가 준 것은 한 톨도 먹지 않고 따로 모아두었다 했다. 그는 모진 고문을 받고 죽었다. 세계에 빛날 절개요 충절이 아닐 수 없다.

그의 시 속에 봉래산이 있다. 왜 봉래산일까? 여름의 금강산을 봉래산이라 하고, 부산, 영월, 고흥에도 봉래산이 있다. 하지만 그가 말하는 봉래산은 영주산(瀛州山), 방장산(方丈山)과 함께 중국 전설에 나오는 삼신산(三神山) 가운데

하나일 가능성이 높다. 신선, 불사의 영약, 흰 빛깔의 짐승, 금은으로 지은 궁전이 있는 곳이다.

그의 육신은 비록 노량진 사육신묘에 안장되어 있지만 그의 기개만큼은 봉래산 제일봉에 낙락장송이 되었다. 크게 우뚝 솟은 소나무로 우리 가슴에 서 있기 때문이다.

어디 그뿐이랴. 영월 청령포에 관음송(觀音松)이 있다. 단종 유배 당시 그 억울한 모습을 보았다 해서, 그리고 비운에 한을 품고 죽어간 단종의 오열하는 소리를 들었다 해서 관음송이다. 어쩌면 바람결에 성삼문의 시를 들었을까. 오늘도 주변의 소나무들이 관음송을 향해 머리를 조아리고 있다.

봉래산의 저 소나무와 청령포의 저 소나무는 세차게 바람 부는 이 땅에서 어떤 삶을 살아야 하는가를 가르쳐준다. '이런들 어떠하며 저런들 어떠하리.' 지조 없이 흔들리는 이 세대를 향해 경종을 울리고 있다. 이 기개와 지조를 보고 싶다.

06
조나단 스위프트: 탐욕을 부리지 말자

아일랜드의 작가로 풍자의 대가 조나단 스위프트(Jonathan Swift)가 있다. 아직도 그가 누구인지 감이 안 온다면 이것으로 확실한 증거를 대겠다. 대영제국의 정치를 풍자한 『걸리버 여행기』의 저자. "아하!" 그렇다. 이젠 확실해졌다.

1699년 그가 32세의 나이가 되었을 때 쓴 시가 있다. 제목은 「내가 늙었을 때의 결심(Resolutions When I Come To Be Old)」이다. 사람들은 해가 바뀌기 전 결심을 한다. 그런데 1700년이 오기 전 그는 앞으로 나이가 들 시기가 올 때를 가상하며 한 결심을 시로 남긴 것이다. 젊은 사람이 너무 빠른 것 아닌가? 하지만 당시 어르신들의 모습을 보며 '나는 이런 사람 되지 말아야지' 했을 터.

내가 젊었을 때 그의 이 시는 관심을 끌지 못했다. 실감이 나지 않았기 때문이다. 그런데 아내가 조나단 스위프트의 이 시를 언급하면서 사뭇 달라지기 시작했다. 그 내용은 대략 이렇다.

- 젊은 여자와 결혼하지 말 것
- 젊은이들이 진정으로 원하는 경우가 아니면 친구 삼으려 하지 말 것
- 짜증내거나 시무룩해하거나 의심스러워하지 말 것
- 지금 사람들이 사는 방법, 위트, 패션, 사람, 전쟁 등을 비난하지 말 것
- 아이들을 좋아하지 말 것
- 같은 사람한테 했던 말을 또 하고 또 하고 하지 말 것
- 탐욕 부리지 말 것
- 젊은이들에게 너무 엄격하지 말고
- 젊음에서 말미암는 어리석음과 약점을 참작할 것
- 품위와 청결을 소홀히 하지 말 것

- 조언이나 훈계를 남발하지 말 것
- 나의 조언을 청하는 사람 외에는 청하지도 않은 조언은 삼갈 것
- 많은 말을 삼갈 것. 특히 내 얘기를
- 과거의 아름다움이나 건강을 자랑하지 말 것
- 아첨에 귀 기울이지 말고
- 내가 젊은 여인에게 사랑받을 수 있으리라 생각하지 말 것
- 적극적이거나 자기주장을 하지 말 것
- 이 모든 규칙을 지키려 하거나 하나라도 지켜야 하는 데 염려하지 말 것

그가 과연 이런 삶을 살았는가는 알 수 없다. 아일랜드와 영국 사이에서, 문학과 성직 사이에서 이해하기 어려운 구석만 보이기 때문이다. 그는 걸리버 여행기를 쓸 때 사람들을 즐겁게 하기 위해 쓴 것이 아니라 화나게 하기 위해 썼다 했다. 그에겐 분노가 있었다.

1745년에 더블린에 있는 세인트패트릭 성당에 묻혔다. 벽면에는 그가 직접 쓴 다음과 같은 라틴어 비문이 새겨졌다.

> "신학박사이자 이 성당의 참사회장인 조나단 스위프트의 시신이 이곳에 묻혀 있다. 이제는 맹렬한 분노가 더 이상 그의 마음을 괴롭힐 수 없으리라. 나그네여, 떠나시오. 그리고 가능하다면, 전력을 다해 지고의 자유를 얻으려 한 이 사람을 본받으시오."

스위프트가 신학박사였다니 놀랍다. 하긴 세인트패트릭 성당 참사원장을 지낸 그가 아니던가. 그는 광신도들의 예배와 설교방식을 조롱한 '정신의 기계적인 움직임에 대하여'라는 글도 썼다. '나그네여, 떠나시오' 비문을 보니 죽어서도 그의 풍자는 빛을 발하고 있다. 다시금 그의 「내가 늙었을 때의 결심」을 읽어본다. 요기조기 공감이 가는 글귀가 짚인다.

07
다산: 제비가 집 없는 서러움을 호소한다

2012년은 다산 정약용 탄생 250주년을 맞는 해이다. 그는 『목민심서』나 『여유당전서』 등 많은 책을 썼지만 시도 많다. 시의 대부분은 지배층의 횡포와 피지배층의 서러움을 우화적으로 담아냈다. 그 대표적인 예로 「고시(古詩)」가 있다. 아래는 그의 「고시」 27수 가운데 하나다.

> 제비 한 마리 처음 날아와
> 지지배배 그 소리 그치지 않네
> 말하는 뜻 분명히 알 수 없지만
> 집 없는 서러움을 호소하는 듯
> "느릅나무 홰나무 묵어 구멍 많은데
> 어찌하여 그곳에 깃들지 않니?"
> 제비 다시 지저귀며
> 사람에게 말하듯
> "느릅나무 구멍은 황새가 쪼고
> 홰나무 구멍은 뱀이 와서 뒤진다오."

다산은 매우 가정적이었다. 하지만 잦은 귀양살이로 그 꿈을 이룰 수 없었다. 그는 전남 강진에서 시 「매조도(梅鳥圖)」를 썼다.

> 사뿐사뿐 새가 날아와
> 우리 뜨락 매화나무 가지에 앉아 쉬네
> 매화꽃 향내 짙게 풍기자
> 꽃향기 그리워 날아왔네
> 이제부터 여기에 머물러 지내며

가정 이루고 즐겁게 살거라
꽃도 이제 활짝 피었으니
열매도 주렁주렁 맺으리

멀리 둔 가족을 생각하며 그의 마음이 얼마나 아팠을까. 그의 소원을 새에게
실어본다. 그는 부인 홍씨가 보내온 낡은 치마 6폭에 이 시를 썼다. 가위로 잘
라 첩을 만들어 두 아들에게 남겨주고 나머지로 작은 족자를 만들어 딸에게 물
려줬다.

15세 때 아내 홍씨와 결혼해 만 60년을 산 그는 「회혼시(回졸詩)」를 썼다.
부부의 회혼일인 1836년 2월 22일 아침 축하하기 위해 모인 식구들과 제자들
이 지켜보는 가운데 눈을 감았다. 이것이 그의 마지막 시가 되었다.

육십 년 세월 눈 깜박할 사이 날아갔는데도
짙은 복사꽃, 복 정취는 신혼 때 같구려.

나고 죽는 것과 헤어지는 것이 사람 늙기를 재촉하지만
슬픔은 짧았고 기쁨은 길었으니 주의 은혜에 감사하오.

이 밤 목란사 소리 더욱 좋고
그 옛날 치마에 먹 자국은 아직도 남아 있소.

나뉘었다 다시 합하는 것이 참으로 우리의 모습이니
한 쌍의 표주박을 자손에게 남겨 줍시다.

이 시의 둘째 단원에서 다산은 주은(主恩)에 감사한다 했다. 그의 시들이 오
늘도 우리 가슴에 남아 있어 좋다.

08
게스트: 끝까지 해보라

교대역에서 전철을 타기 전 시 한 수와 마주했다. 시인 게스트(E. A. Guest)
가 쓴 「끝까지 해보라(See It Through)」라는 시였다. 고인이 된 장영희 교수가
이 시의 한 부분을 신문에 소개한 일이 있는 아름다운 시다. 게스트는 영국 버
밍햄에서 태어나 미국으로 이주해 디트로이트에서 돌아가셨다. 생전에 그는
여러 시를 기고했는데 아주 감상적이고 낙관적인 시로 사람들의 마음을 달래
주었다.

서울의 전철역에는 유독 시들이 많다. 그래서 난 종종 "서울시(市)가 아니라
서울시(詩)구나" 하는 생각을 한다. 서울이 좋은 이유 중 하나다. 그런데 왜 그
의 시가 이곳에 있을까? 그 이유는 하나다. 오늘도 용기를 잃지 말고 살라는
말이다. 게스트의 시가 오늘 차를 타는 사람의 마음에 용기를 심는다. 다음은
그의 시 "끝까지 해보라"를 나름대로 완역한 것이다. 용기를 가지고 사시라.

끝까지 해보라

네게 어려운 일이 생기면
마주 보고 당당히 맞서라
턱을 들고 어깨를 펴라
발을 세우고 기운을 내라
피하려 해도 어찌할 수 없을 때
할 수 있는 한 최선을 다하라
실패할 수 있지만 승리할 수도 있다
끝까지 해보라

검정은 네게 구름일 수 있고
네 미래는 어두워 보일 수 있다
그러나 네 용기가 너를 포기하지 못하게 하라
최악이 일어날 것이라면
네가 어떤 짓을 해도
그것을 피할 수 없으리라
끝까지 해보라

네가 근심거리로 가득 차 있을 때
비록 희망조차 소용없어 보일지 모른다
그러나 지금 네가 겪고 있는 일들은
다른 사람들도 겪은 것일 뿐이다
네가 실패할 수도 있지만 넘어지더라도 싸워라
무슨 일을 해도 포기하지 말라
마지막까지 눈을 똑바로 뜨고
머리를 쳐들고
끝까지 해보라

09
삶과 사랑: 그대의 기억 속에 지워지지 않는
의미로 남으리

아내가 한 식당 소개지에 적힌 시 한 수가 너무 좋다며 시를 내민다. 곳곳에 시를 사랑하는 사람들이 있어 좋다. 제목은 「살며 사랑하며」다. 많은 사람들에게 의미를 안겨준 시인데 아무리 찾아봐도 지은이를 알 수 없어 아쉽다. 적어도 고맙다는 말을 해야 하는데.

살며 사랑하며

받는 사랑보다는
주는 사랑으로 남고 싶습니다.
변하기 쉬운 놋그릇이기보다는
조심스레 다루어야 하는
질그릇이었으면 좋겠습니다.

특별한 사람으로 남고 싶습니다.
그저 지나가는 바람이 아니라
항상 곁에서 바람막이가 되어줄 수 있는
그만의 특별한 사람으로 각인되고 싶습니다.

조금은 이기적이기도 한 우리네 삶에서
변치 않고 한 사람을 사랑한다는 일은
참으로 어렵고 힘든 일처럼 느껴지지만
또 어떻게 생각해보면
그것만큼 쉬운 일도 없을 거란 생각이 듭니다.

그대 기억 속에서 지워지지 않는
어떤 의미이고 싶습니다.

힘들고 어려운 날 그저 비켜 지나가는
그런 사람이 아닌
곁에 마주앉아 함께 고민을 안고 갈 수 있는
단 하나의 의미이고 싶습니다.

눈물 나게 서글픈 세상살이에서
두 손 꼭 쥐고 사랑으로 살아가는
그런 의미이고 싶습니다.
당신에게는 그런 의미이고 싶습니다.

10
나태주: 오래 보면 사랑스럽다

교회를 향해 가는데 교보생명 글판이 눈에 들어왔다. 큰 걸개에 예쁘게 새겨진 글들이 나의 시선을 잡아끌었다. 그림까지 그려 있어 좋다. 나태주 시인의 「풀꽃」이었다.

> "자세히 보아야 예쁘다
> 오래 보아야 사랑스럽다
> 너도 그렇다"

시인은 왜 그냥 '보니'가 아니라 '자세히 보아야'라고 했을까. '보니'가 아니라 왜 '오래 보아야'라고 했을까. 궁금해졌다. 그렇게 보아야 예쁨을 느낄 수 있고 사랑스러움을 느낄 수 있기 때문이리라. 관심을 주지 않으면 예쁨을 느끼지 않을 수 있는 풀꽃, 스쳐가듯 보면 전혀 사랑스럽지 않을 수 있는 풀꽃. 그러나 자세히 보고 또 보면 예쁘고, 오래 보면 볼수록 더 사랑스럽다.

세상 천지에 널린 게 풀꽃, 그것들은 주목받기 어렵다. 사람도 마찬가지 아니겠는가? 그러나 자세히 보면, 오래 보면 예쁘고 사랑스러운 풀꽃이듯 이 땅에 예쁘고 사랑스럽지 않은 사람이 없다.

이젠 자세히 보기로 했다.

오래 보기로 했다.

당신을.

11
외솔의 임: 나라 잃은 그날부터 겪는 이 설움이라

한국처럼 '임'이란 단어를 즐겨 많이 사용하는 나라도 없을 것이다. 선생이 경칭인데도 선생님이라 하고, 사장이 경칭인데도 애써 사장님이라 한다. 그만큼 더 존경하고 싶은 것은 아닐 터인데 습관적으로 '임'을 쓴다.

시나 가사에서도 임은 어김없이 등장한다. 하지만 누가 임이라 하느냐에 따라 그 성격이 아주 다르다. 가곡 대부분에서 임은 사랑하는 임이고, '임 향한 일편단심이야 가실 줄이 있으랴'에서 임은 임금이다. <임을 향한 행진곡>을 부르는 사람들에게 있어서 임은 고난받는 민중이다.

외솔 최현배는 시조시인이다. 그가 쓴 시에 「임 생각」이 있다.

바람 불던 그 어느 날 우리 임 가고 나니
산천은 의구하나 쓸쓸하기 그지없다
동천에 높은 뜬 달도 임 찾는가 하노라

임이여 어디 갔소, 어디 메로 갔단 말고?
풀 나무 봄이 오면 해마다 푸르건만
어찌도 우리의 임은 돌아올 줄 모르나

임이여 못 살겠소 임 그리워 못 살겠소
임 떠난 그날부터 겪는 이 설움이라
임이여 어서 오소서 기다리다 애타오

봄맞이 반긴 뜻은 임 올까 함이러니
임 올랑 오지 않고 봄이 그만 저물어서
꽃 지고 나비 날아가니 더욱 설워하노라

봄물이 출렁출렁 한강에 들어찼다
돛단배 올 적마다 내 가슴 두근두근
지는 해 서산에 걸리니 눈물조차 자누나

강물이 아름아름 끝 간 데를 모르겠고
버들가지 추렁추렁 물속까지 드리웠다
이 내 한 길고 또 길어 그칠 줄이 없어라

　무척 낭만적인 이 시의 임은 과연 누구일까? 개인적으로 연모하는 임일까?
아니면 다른 임일까? 외솔에게서 임은 특이하다. 나라이기 때문이다. 외솔은
자나 깨나 나라를 사랑한 사람이었다. 나라 잃은 슬픔에서 우러나온 시이니 임
이 어찌 더욱 그립지 않겠는가. 그 임을 불러도 전혀 쑥스럽지 않고 당당해서
좋다.

12
베케트: 기다림이 길어질 때 기뻐할 수 있을까

사무엘 베케트는 아일랜드 사람이다. 남과 어울리기 싫어한 그였지만 조이스 (J. Joyce) 문학과 만난 다음 달라졌다. "발을 차기보다 찔러 버려라"는 그의 글이 검열에 걸렸다. 화가 난 그는 신정정치에다 걸핏하면 검열을 해대는 조국 아일랜드가 싫어졌다.

그는 프랑스로 건너가 그의 대표작인 『고도(Godot)를 기다리며』를 내놓았다. 이 작품은 아주 지루함을 주지만 때론 웃음 짓게 만든다. 그래서 희곡이다. 나름대로 의미를 주는 이 극은 많은 사람들로부터 사랑을 받았다.

사람들은 종종 그에게 물었다.

"도대체 고도는 누구인가?"

그의 답은 너무 간단했다.

"그것을 알았다면 글에 썼을 것이다."

그러나 우리는 짐작한다. 그는 소설을 통해 내면세계의 허무한 심연을 추구 했고, 여러 작품을 통해 아무 의미도 없이 죽음을 기다리고 있는 절망적인 인 간의 조건을 그려냈기에 그의 기다림은 허무였을 것이라고.

하지만 그는 가르쳐주었다. 인간은 모두 이 땅에서 뭔가를 기다리며 사는 존 재라는 것을. 그렇다면 당신의 고도는 누구인가? 기다림이 길어질 때 과연 기 뻐할 수 있을까? 위험한 고도는 눈물을 흘리게 하고, 위대한 고도는 기쁨을 안 겨주리라.

13
아픈 기억: 삶의 색깔을 바꾸면 마음이 풍부해진다

어떤 기자가 빌리 그레이엄의 아내 루스에게 짓궂은 질문을 하나 던졌다.

"루스 씨, 혹시 남편과 이혼하고 싶은 적은 없었습니까?"

"네, 이혼하고 싶은 마음은 없었어요. 하지만 죽이고 싶을 때는 있었습니다."

주변에 있던 사람들이 이 말을 듣고 모두 폭소를 터뜨렸다. 빌리 그레이엄이라고 부부간에 어찌 늘 밝은 날만 있었겠는가. 삶엔 늘 아픔이 따른다.

손양원 목사가 두 아들을 죽인 안재선을 양아들로 삼으려 하자 사모가 극구 반대하고 나섰다. 그를 볼 때마다 아픈 기억으로 하루를 견딜 수 있을까. 아들들을 생각하면 절대 받아들일 수 없었으리라.

사람은 누구나 아픈 기억과 아름다운 기억을 함께 가지고 있다. 이 두 기억 가운데 내가 어떤 기억에 더 지배를 받느냐가 삶을 긍정적으로 보게도 하고 부정적으로 보게도 한다.

아픈 기억에 빠지면 우선 그곳에서 헤어나기 어렵다. 육체와 정신이 무너져 내리는 것 같다. 그것이 나쁜 기억이라면 상황은 더 나빠진다. 다른 것을 보지 못하게 만들고 수렁에 깊이 빠져들게 한다. 아픈 기억은 우리를 더 아프게 하고, 나쁜 기억은 더 나쁘게 만든다.

하지만 삶의 색깔을 바꾸는 것은 아름다운 기억들이다. 아름다운 것을 생각하면 우선 마음이 풍부해진다. 그 사람에 대한 태도가 달라지고, 삶이 기쁨으로 변한다.

흑백이 칼라로 변하는 것은 바로 우리의 마음가짐이다. 누구에게나 기쁨을 누릴 수 있도록 허용되어 있다. 하지만 아무나 그 기쁨을 누릴 수 있는 것은 아니다. 아픈 기억, 나쁜 기억을 누르고 극복할 수 있어야 가능하다. 못해준 기억보다 잘해준 기억을 더 하고, 과거의 아픈 기억보다 앞으로의 기대를 더 크게 가질 때 가능하다.

루스 그레이엄의 묘지엔 다음과 같은 글이 있다. "공사는 끝났습니다. 그동안 참아주셔서 감사합니다." 남편 빌리는 그 말에 더 감동할 것이다. 그렇다. 삶은 참고 용서하는 것이다. 그래야 평안을 누릴 수 있다. "여보, 악한 우리를 자녀로 삼아주신 예수님을 생각합시다." 손양원 목사의 이 한마디에 사모도 고집을 내려놓았다. 아픈 기억이 우리를 슬프게 할 때마다 주님은 말씀하신다. "나의 평안을 너희에게 주노라." 사람은 늘 평안을 구한다. 우리 속에 과연 이 평안이 있는가?

14

세렌디피티: 때로 생각지 못했던 것에서 보화를 얻는다

여행자는 유적지를 빨리도 지나간다. 일별하듯, 스치듯 간다. 건물 하나에도 역사가 담겨 있고, 그 속에 숨은 이야기도 많을 터인데 그것에는 별로 관심을 두지 않는다. 우선 보이는 것에 집중한다. 그러다 훗날 그에 관련된 이야기를 접하면 그때에야 놀란다. '아, 그런 이야기가 있었군요.'

먼저 피사의 사탑 이야기를 해보자. 이 건물은 1173년에 착공해서 1370년에 완공했다. 도중에 약 100년간은 공사를 중지했다. 건립 도중에 기운 것을 발견했지만 선조들의 얼을 생각해 넘어지지 않는 범위에서 그대로 쌓아 올렸다. 기운 탑을 헐지 않고 그대로 완공시킨 것이다. 지금 그대로 서 있다. 조금씩 더 기운다는 소식을 들을 때마다 아찔한 느낌이 든다.

스위스 융프라우 터널은 산을 깎아낸 것이다. 1900년 초부터 매년 산을 조금씩 깎아내 현재의 궤도를 만들어냈다. 그것도 80여 년 동안 깎고 뚫어 만들었다. 현대의 기술이라면 몇 년으로 단축했겠지만 그 옛날 분들의 노고를 생각하면 정말 고개를 숙이지 않을 수 없다.

어찌 이 둘뿐이겠는가. 이름 없는 건물이라도 그 속에는 건축가의 삶이 녹아 있다. 사람 사는 이야기가 담겨 있다. 우리 모두 그 속에서 아웅다웅하며 산다. 이름 난 것이라면 그 속에 남 다른 생각이 담겨져 있을 것이다. 가능하다면 지나치지 말고, 이야기를 들으면서, 아니 찾으면서 가자. 그러면 때로 생각지 못했던 보화를 얻게 될 것이다. 세렌디피티(serendipity)다.

15
용기: 도덕적 용기로 당신의 삶을 지배하라

용기는 일반적으로 두려움을 극복하는 것이다. 그러나 그것만이 우리가 가져야 할 용기는 아니다. 용기도 다양하기 때문이다.

첫째, 평상시의 용기다. 인생에서 평범하고 일상적인 문제들에 맞닥뜨리는데도 많은 용기가 필요하다. 옳은 일과 편리한 일, 신념을 지키는 것과 안락, 탐욕, 인정받는 것 때문에 신념을 굽히는 것들 중에서 선택을 해야 하기 때문이다.

둘째, 솔직하게 털어놓는 용기다. 자기 자신의 잘못이나 실수에 대해 솔직하게 털어놓는다는 것은 용기가 필요하다.

셋째, 지시를 따르는 용기다. 다른 사람의 지시를 따르기 위해서는 많은 용기가 필요하다.

넷째, 관계 속의 용기다. 용기가 없이는 절대로 제대로 된 결혼생활을 하거나 아이를 기르거나 친구관계를 맺을 수 없다.

인간관계에서도 용기가 필요하다. 인간관계가 어렵다는 것은 사람들과의 관계에서 그만큼 자신감이 없다는 말이다. 그러므로 나 자신이나 상대방이나 용기가 필요하다. 우리를 얽어매는 두려움에 맞서고, 인간관계에서 어려움을 해결해나가면서 우리는 점차 새로운 자신감을 얻을 수 있다. 서로가 북돋우고 격려할 때 용기가 자랄 수 있다.

끝으로, 도덕적인 용기다. 어려운 상황에 맞닥뜨릴 때, 직장에서 도덕적으로 행동해야 할 때, 정직하게 행동해야 할 때 모두 용기가 필요하다.

용기 중의 용기는 도덕적인 용기가 아닐 수 없다. 이 용기가 개인과 가정을 건강하게 세우고 사회를 맑게 하기 때문이다. 이 용기가 부족하여 쓰러지는 사람이 부지기수다. 쓰러지는 수가 많을수록 사회는 어두워지고, 희망을 잃게 된다. 도덕적 용기로 당신의 삶을 지배하라.

제5부 사랑과 용서가 차디찬 겨울을 녹인다

01
고흐: 인생은 외로움으로 낭비된다

    빈센트 반 고흐. 그는 세상에 필요한 사람이 되겠다고 결심했다. 목사인 아버지도 그랬겠지만 자신도 성직자로서 남에게 유익을 주는 삶을 살고 싶었다. 그는 벨기에 탄광촌에 선교사로 파송된다. 그런데 그의 판에 박은 설교에 흥미를 잃은 한 광부가 설교 도중에 밖으로 나가는 것에 충격을 받는다. 따라 나서며 "왜 나갔느냐?"며 집요하게 물었다. 한마디로 현실과 너무나 거리가 먼 딱딱한 설교가 먹히지 않은 것. 충격을 받은 그는 더 이상 설교자로서가 아니라 그들의 아픔을 안고, 나누며, 살아가는 이웃이 된다. 온몸에 탄가루를 묻히며.

    그런 가운데서도 그는 틈틈이 그림을 그렸다. 그는 늘 사람을 감동시키는 그림을 그리고 싶었다. 하지만 그의 그림을 알아주는 사람도 사주는 사람도 없었다. 그는 늘 가난과 싸워야 했다. 동생 테오의 재정적 도움과 지지가 없었다면 그는 정말 어려웠을 것이다. 천여 점의 그림을 남겼지만 생전에 팔린 것은 단한 점. 400프랑. 그의 그림에 대한 평가도 단 한 점에 그쳤다. 그러나 사후 100년이 되는 해 뉴욕 경매에서 그의 그림 한 점만으로도 천문학적인 가격에 호가되었다. 생전에 그랬다면 얼마나 좋았을까.

    "인생은 외로움으로 낭비된다"고 말할 만큼 그는 늘 외로움과 싸웠다. 친구

고갱과 헤어지면서 외로움을 깊이 느낀 나머지 그는 자신의 귀를 자르는 소동까지 벌였다. 외로움은 결국 그를 우울증에 빠지게 했다. 농부가 낮에 벼를 베는 모습을 보며 죽음은 낮에 일어난다고 했던 그는 결국 37세의 나이에 자살을 하고 만다. 벼가 낮에 쓰러지듯 그도 총을 맞고 쓰러졌다. 주님, 그의 영혼을 불쌍히 여기소서.

남편이 아내의 어깨와 가슴을 안은 렘브란트의 작품 <유대인의 신부>를 보며 전율을 느꼈던 고흐. 그는 어쩌면 사랑에 굶주렸는지 모른다. 니체는 말했지. "혼자 설 수 있을 때 함께 설 수 있다"고 오늘도 외로운 이 시대의 고흐에게 우리 모두 팔을 벌려야 하겠다. 홀로 설 수 있도록, 아니 함께 설 수 있도록.

02
인기: 그것은 증기다. 본질을 추구하라

　일본의 유명 아나운서가 자살하고, 중국의 인기 여가수가 자살을 했다. 한국에서도 연예인의 자살이 끊이지 않는다. 베르테르의 효과 탓인지 동조 자살도 발생한다. 자살도 전염병인가. 그런데 그 배경을 보면 우울증이 있고, 그 뒤엔 떨어진 인기에 대한 주체할 수 없는 조급함이 바이러스처럼 숨어 있다.

　인기, 얼마나 달콤한가. 사람은 기본적으로 칭찬에 대한 갈망이 있다. 특히 연예인이나 정치인은 인기로 먹고산다. 그런데 인기가 떨어져 남의 주목과 인기를 받지 못할 때 자신은 더 이상 가치가 없다고 생각하고 극단적으로 자신을 몰아간다는 데 문제가 있다. 이러한 질병을 스포트라이트 증후군이라 한다.

　인기, 어찌 연예인이나 정치인에만 국한될까. 이따금 목회자들도 인기에 오염된다. 설교를 하고 나올 때 "은혜 많이 받았습니다" 하면 그냥 좋다. 그런데 설교를 할 때 졸던 사람으로부터 그 말을 들으면 맛이 확 간다. 칼뱅은 인기에 연연하지 말고 설교하라 부탁한다.

　한자 '인기(人氣)' 속에 '기'가 있다. 기 하면 어떤 에너지와 같은 느낌이 들지만 사실 본질은 없다. 기(氣)는 쌀을 찔 때 나오는 증기를 뜻한다. 쌀이 본질이라면 증기는 날아가고, 곧 없어질 허상이다. 뜬구름과 안개 같은 것이 바로 인기다. 인기는 비본질적인 것을 본질적인 것으로 착각하며 환호하는 괴성과 같다.

　배우에게 있어서 본질은 연기를 잘하는 것이다. 노래 잘하는 것이 가수의 본질이다. 교수의 본질은 연구해 잘 가르치는 것이고, 설교자의 본질은 성경을 잘 풀어 가르치는 것이다. 본질을 떠나 인기만 쫓는 것은 본질로부터 멀어져 있다는 것을 입증한다. 본질을 추구하는 자에게 인기는 부차적인 것이다. 있어도 좋고 없어도 좋다.

시간이 지나가면 없어질 것이 바로 인기임을 잊지 마라. 신학교 때 김희보 교수님이 이렇게 말씀하셨다. "자네들이야 나를 기억하겠지만 몇십 년만 지나도 나를 기억하는 사람은 없을 걸세." 레이건 대통령에 대한 암살 시도가 있은 직후 그의 지지율이 사상 최고인 90%까지 치솟았다. 하지만 그로부터 1년이 지난 후 지지율은 30%로 곤두박질쳤다. 이때 레이건은 측근에게 이렇게 농담을 했다. "걱정 말게. 밖에 나가 다시 한번 총을 맞아보지 뭐." 명심하라. 인기, 그것은 증기라는 사실을. 그리고 기억하라. 지금 우직하게 본질을 추구하는 당신이 그 무엇보다 아름답다는 사실을.

03
유에: 그렇게 죽도록 방치하고 무관심할 수 있을까

걸음도 서툰 2살짜리 여자 아기 왕유에가 뺑소니차에 치여 생사의 기로에 있다. 중국 광둥 성(廣東省) 포산(佛山) 광포 시장에서 일어난 이 사건은 중국은 물론 세계를 격분시키고 있다. 아이는 부모 곁에서 벗어나 혼자 배회하고 있던 중 달려오던 밴에 치여 쓰러졌다. 운전자는 잠시 멈칫하는가 싶더니 그대로 도주해버렸다. 지나던 시민들이 흘끔거리며 아이를 봤지만 아무도 도와주지 않았다. 그 사이 트럭에 짓밟혔다. 문제는 한 아줌마가 아이를 길가로 끌어내기까지 약 12사람들이 지나갔는데도 아무도 관심을 두지 않았다는 사실이다. 아줌마의 신고로 아이의 엄마가 달려왔고 즉시 병원으로 옮겨졌다. 아무리 바쁘게 살아가는 사회라지만 그렇게 죽도록 방치하고 무관심할 수 있을까.

아이는 군병원 중환자실에 입원했고, 뇌사상태에 빠졌다. 유에가 어찌 될지 모르는 상황에서 중국은 중국인의 수치라며 온라인으로 '무관심 그만(Stop Apathy)' 캠페인을 벌였다. 세계도 아이의 회복을 위해 기도했다.

성경은 가르치고 있다. "네 형제의 소나 양이 길 잃은 것을 보거든 못 본 체하지 말고 너는 반드시 그것들을 끌어다가 네 형제에게 돌릴 것이요 네 형제의 나귀나 소가 길에 넘어진 것을 보거든 못 본 체하지 말고 너는 반드시 형제를 도와 그것들을 일으킬지니라(신 22:1, 4)." 동물이 어려움에 처할 때 못 본 체하지 말라시는데 하물며 사람이랴. 유에는 결국 죽었다. 그러나 그가 사람들의 마음속에 꼭 살아서 사람들을 일깨우기 바란다.

04
대화: 행간의 의미를 읽어라

모두가 어렵던 시절, 밥 한 끼 해결도 중대사였다.

어느 집에 손님이 왔다. 주인이 정중하게 묻는다.

"식사 하셨습니까?"

"예, 했습니다. 어서 드십시오."

손님의 대답은 예의였다.

손님이 가고 난 다음 이런 말이 주인에게 들려왔다.

"그 집에 가니 밥도 안 주더라."

행간의 의미를 읽어라! 소설 속 등장인물들의 대화는 문자 그대로 읽지 말고 그 말 속에 숨어 있는 참뜻을 읽을 줄 알아야 한다는 말이다. 식사했다는 말만 믿고 밥을 주지 않으면 욕이 돌아온다.

텍스트(text)와 컨텍스트(context)가 있다. 이것은 서로 다르다. 텍스트가 드라마 자체라면 컨텍스트는 사회적 맥락으로 그 드라마 속에 사회상을 반영하는 풍습과 사상을 말한다. 드라마 자체도 중요하지만 사회적 맥락을 짚으며 이해할 필요가 있다.

성경을 읽을 때도 마찬가지다. 성경이 텍스트라면 유대사회의 풍습과 사상은 컨텍스트다. 성경을 읽을 때 그 사회의 컨텍스트를 이해할 필요가 있다. 유대문화와 풍습이 모두가 아닐지라도 그것을 알지 못한 채 성경을 읽으면 엉뚱한 길로 갈 수 있다. 행간의 의미를 읽어야 할 이유가 여기에 있다.

어디 그뿐이랴. 우리가 대화할 때도 그 사람이 말하는 행간의 의미에 접속할 필요가 있다. 말의 뜻을 옳게 파악할수록 깊은 대화가 가능하다. 행간의 의미를 읽어라. 그렇지 않으면 욕이 돌아온다.

05
키스: 사람들은 당신의 말을 길게 들어 줄 여유가 없다

레이건 대통령이 연설을 하고 있는데 영부인 낸시가 쪽지를 전해주었다. 그런데 쪽지가 그만 바람에 날아가 버렸다. 신문기자가 그것을 얼른 주워 읽어보았다. 쪽지엔 그저 '키스(KISS)'라는 글자만 쓰여 있었다. 순간 기자는 생각했다. "이 와중에 키스를 날리시다니. 대통령 부부가 로맨틱하구나." 그러나 사실은 그것이 아니었다. KISS는 "연설을 짧고 간단하게 하세요(Keep It Short & Simple)"라는 주문이었기 때문이다.

장차남 목사가 강도사 시절 섬기던 창신교회를 사직하게 되었다. 그때 권연호 목사가 당부했다. "도시 목회할 때 설교는 짧게 하라." 설교는 하나님의 말씀을 교인들에게 잘 풀어주는 것인데 길게 하다 보면 중언부언하거나 하나님의 말씀보다 자기 말을 더 하게 된다는 것이다. 설교가 아니라 자기 합리화 내지 지루한 연설로 변질될 것을 염려한 것이다.

괜히 늘어지고 싶은가? 사람들은 당신의 말을 길게 들어 줄 여유가 없다는 것을 명심하라. 키스(KISS)다.

06
콤플렉스와 신드롬: 가족은 사랑의 대상이지 굴종의 대상이 아니다

아버지는 권위의 상징이다. 그래서 정신과 용어로 '아버지 콤플렉스(Fsather complex)'가 있다. 이것은 임금이나 아버지 같은 권위자 앞에 자기를 비하시키고 낮추려는 의식을 말한다. 아버지에게 잘 보여야 집안이 평안하다.

자식들에 있어서 둘째딸은 주목을 받지 못한다. 그래서 종종 소외의 대상이 되었다. 역시 정신과 용어에 '둘째딸 신드롬(Second daughter syndrome)'이란 말이 있다. 둘째딸은 장녀나 막내도 아닌 어중간한 위치에서 형제 중 가장 소외되어 애정을 못 받고 자란 결과 성장 후에도 항시 주위 사람들로부터 소외감에 민감한 반응을 나타내는 것을 말한다.

그런데 요사이 집안에서 아버지의 위상이 옛날 같지 않다. 아버지보다 어머니의 위상이 더 올라가고 있다. 사랑과 희생 때문에 권위와 거리가 멀었던 어머니가 이젠 권위 쪽으로 이동을 하고, 아버지는 자상한 아버지로 거듭나고 있다. 아버지 콤플렉스가 어머니 콤플렉스로 바뀌는 것도 시간문제다. 어디 이뿐인가. 아들보다 딸이 대접을 받는 세상에 둘째딸이 소외될 이유도 없다. 오히려둘째딸이 선호되기도 한다. 그러니 둘째딸 신드롬도 옛말이 되었다.

아버지 콤플렉스나 둘째딸 신드롬 모두 권위와 복종의 가족구조, 아들 위주의 사고에서 온 것이다. 가족은 사랑의 대상이지 굴종의 대상이 아니다. 더 이상 왜곡된 가족관계 때문에 어느 한쪽이 눈물을 흘리는 일이 있어선 안 된다. 사랑의 군불을 때라. 따뜻한 말과 존중으로 미소 짓게 하라. 짧은 세상 콤플렉스나 신드롬에 결코 자리를 내주지 마라.

07

자녀교육: 때릴 때는 구두끈으로 하라

"자녀 키우기가 재미있다. 자녀는 사랑스럽고 귀엽다. 부모에게 있어서 자식은 눈에 넣어도 안 아픈 존재다." 부모가 자식에 대해 늘 이렇게 생각하고 산다면 그것은 오해다. 아이를 키우다 보면 하루에도 수십 번 천국과 지옥을 오간다는 말들을 한다. 눈에 넣어도 안 아프겠다 싶다가도 정말 내 배 아파 낳은 자식 맞나 싶게 힘들 때도 있다.

베네세 코퍼레이션이 동아시아 5개 도시 육아관을 조사한 결과 일본·중국·대만에 비해 한국 엄마들이 자녀에 대해 이런 긍정·부정적 감정을 더 많이 극단적으로 오가는 것으로 나타났다. "아이 키우는 일은 행복하다. 그런데 한편으론 내가 참 많이 희생하고 있는 것 같다." 이것이 자녀를 둔 많은 한국 엄마들의 속마음이다. 육아에 대해 긍정적·부정적 감정이 극단적으로 오간다. 그만큼 자녀 키우기가 힘들다는 말이다.

자식이 어찌 사랑스럽지 않을 수 있겠는가? 하지만 자식을 키우는 과정에서 부모는 아이와 전쟁을 해야 한다. 그땐 부모는 끝까지 부모 역할에 충실할 수밖에 없다. 그것이 사랑하는 자녀를 지키는 최선의 방법이다.

혹시 아이가 문제가 많은가? 이런 말이 있다. "아이가 거짓말을 한다. 아버지는 아이가 이제 커간다고 생각한다." "아이는 잘못을 저지르면서 크고, 어른은 용서하면서 큰다."

자녀를 다루는 방법은 다양하다. 사람마다 다르고, 풍습에 따라 다르다. 그런데 다음 네 가지는 고금을 막론하고 인정을 받는 자녀교육방법에 속한다.

첫째, 자녀를 꾸짖는다. 부모는 그 누구보다 자녀를 꾸짖을 수 있는 존재다. 그러나 꾸짖을 때는 부모에게도 책임이 따른다는 것을 명심하라. 꾸짖을 때의 기준은 오직 선과 악밖에 없다. 꾸짖는다는 것은 그중 한 기준을 부모의 책임 아래 자녀에게 심어주는 것이다. 대부분 선을 택한다. 하지만 부모 자신도 그 선에 입각한 삶의 모습을 자녀에게 보여줄 책임이 있다. 부모부터 모범이 되어야 한다는 말이다. 부모가 그 일에 모범이 되지 못하면 그 꾸짖음은 효과가 없다.

둘째, 자녀에 대한 최고의 벌은 매보다 부모의 침묵이다. 때론 침묵이 매보다 효과가 크다는 말이다. 침묵은 벌을 주는 쪽이나 받는 쪽 모두 커뮤니케이션을 단절함으로써 독특한 심리작용을 일으킨다. 부모는 가정교육에 불충분했던 자신을 반성하게 되고, 자녀에 대한 진정한 사랑을 확인하게 된다. 자녀도 마찬가지다. 침묵의 기간을 어느 정도로 하는 것이 좋을까? 그것은 반성의 정도에 따라 다르다. 이 정도로 되었다 싶으면 침묵을 풀고 전보다 깊은 사랑을 보여준다.

셋째, 협박은 하지 않는다. 벌을 주든 용서를 하든 해야 한다. 자녀에게 협박조로 말하는 것은 용서하는 것도, 벌을 주는 것도 아니다. 마음속에 불안감만 심어주어 아무 이득이 없다. 부모가 미지근하고 불확실한 태도를 취하거나 잔소리를 하는 것도 자녀들을 심리적으로 억압한다. 부모는 자녀에 대해 맺고 끊는 것이 확실해야 한다. 어떤 일로 벌을 받았는데 생각날 때마다 다시 꺼내 윽박지르면 자녀는 불안해서 견딜 수 없다. 지옥이 따로 없다.

끝으로, 자녀의 잘못은 매로 다스린다. 하지만 때릴 때는 구두끈으로 한다. 매의 목적은 아이에게 육체적 고통을 주는 데 있는 것이 아니라 마음을 바로잡는 데 있다. 몸에 상처를 입히는 심한 매질은 교육이 아니다.

뒤돌아보니 한 가지도 제대로 한 것이 없다. 그런데 자식은 모두 어른이 되어 둥지를 떠났다. 아쉽다. 부모들이여, 있을 때 잘하자.

08
스킨십: 백 마디의 말보다 꼭 잡은 손이 위로가 된다

출산 후 의사는 생모의 가슴 위에 신생아를 엎드리게 한다. 산모는 신비의 눈으로 피 묻은 아기를 보고, 아기는 생전 처음 엄마의 포근함을 느낀다. 이른바 '캥거루 케어'다. 이것은 저체중 신생아가 출생했을 때 인큐베이터가 턱없이 부족한 콜롬비아가 모체의 체온으로 신생아를 보온하려는 절박한 상황에서 만들어낸 비상수단이었다.

그런데 이로 인해 저체중아의 생존율이 높아졌을 뿐 아니라 뜻밖에 모자의 애착을 형성하는 데 크게 도움을 주었다. 이후 유니세프는 이 방법을 적극 권장했고, 지금은 선진국 · 후진국 가릴 것 없이 스킨십을 통한 신생아 관리법으로 통용되고 있다.

한국인에게 있어서 스킨십은 그리 간단한 문제가 아니었다. 일곱 살이 되면 남녀가 함께 자리를 하지 않는다는 유교적 문화로 인해 남녀 간의 신체접촉은 일종의 금기사항이었다. 배가 아팠을 때 엄마나 할머니가 약손이라며 쓰다듬어 주던 손길이 고작이었다. 그래선지 결혼해서도 애정표현조차 무덤덤했다. 지금은 세상이 달라져 남녀 간의 만남이나 사랑의 표현도 자유로워졌다. 젊은이의 스킨십이 지나쳐 어른들은 종종 눈살을 찌푸린다.

하지만 스킨십이 어찌 남녀 간 사랑하는 사람들만의 것이겠는가. 식구들, 친구들, 그리고 그 밖의 사람들 모두가 사용할 수 있다. 특히 슬픔을 당했을 때 안아주면 큰 위로가 된다. 백 마디의 말보다 꼭 잡은 손이 더 위로가 된다.

소독이 잘되고 깨끗한 병실에 수용되어 있기는 하지만 거의 사람 손으로 직접 다루어지는 일이 없는 아이들은 거의 모두 마라스무스 병으로 죽어갔다. 하지만 직접 안아주고 어루만져주자 사망률은 급격히 떨어졌다. 이는 스킨십이 얼마나 중요한가를 보여준다.

아우슈비츠 수용소에서 사람들은 종종 서로 상대의 손을 잡곤 했다. 전해지는 체온을 통해 서로 살아 있음을 확인하는 것이다. 사람이 없으면 사람은 자기를 만지면서 위로를 한다고 한다. 자기 접촉이다. 극한상황일수록 인간은 스킨십을 더 필요로 한다.

손은 인체의 강력한 기관이다. 인간은 시각도 잃고 청각도 잃고 미각이나 후각도 잃고 살아갈 수 있다. 하지만 촉각을 잃으면 살아갈 수 없다. 피부는 드러난 뇌이다. 피부를 통한 따듯한 접촉이 의사소통에 매우 중요한 역할을 한다. 아이는 스킨십을 받아야 정서적으로 안정되고, 사랑이 많은 아이로 자라난다.

어른들은 악수를 한다. 악수는 말 한마디 없이 따듯한 정을 나누는 방법이다. 악수하는 손의 위대한 능력을 과소평가해서는 안 된다. 악수하기 위해 상대방의 몸에 가까이 다가간다는 자체가 훌륭한 메시지다.

당신의 몸으로 정을 표시하라. 자녀들을 안아주고 위로하라. 컸다고 소홀히 하지 마라. 한 번의 포옹은 자녀를 기쁘게 하고, 두 번의 포옹은 자녀를 더 자라게 한다. 만났을 때 기쁨으로 포옹하며, 헤어질 때 아쉬움 담아 안아주라. 관계가 달라질 것이다. 이것이 바로 스킨십의 비밀이다. 아내에겐 더 자주하라. 아내는 늘 당신의 포옹을 기다리는 사람이다.

09
오지랖이 넓다: 관계없는 일까지 참견하지 마라

이태준의 소설 「복덕방」에서 안 초시는 화를 불끈 내며 말한다.

> "그 자식 오지랍 경치게 넓게. 네가 '안방 건너 방이 몇 칸이요'나 알
> 았지 뭘 쥐뿔이나 안다고 그래. 보기 싫건 나가렴."

오지랖 때문에 화가 났다. 왜 그럴까? 오지랖은 그저 오지랖일 뿐인데.

오지랖은 원래 웃옷이나 윗도리에 입는 겉옷의 앞자락을 말한다. 발음은 '오지랍'이라 한다. 예를 들어 "난데없이 한 사내놈이 나타나 내 오지랖을 움켜쥐며 노려보는 것이 아니겠소"라고 했을 때 오지랖은 말 그대로 앞자락을 가리킨다. 속옷을 넓게 가려주니 얼마나 푸근한가.

그런데 말이 어디 그런가? '오지랖이 넓다'라는 관용적 표현은 그리 푸근한 것이 못 된다. "그는 오지랖이 넓은 마당발로 통한다"라고 할 때 발이 넓다는 말은 그래도 봐주는 셈이다. 다른 용도로 가면 거의 욕에 가깝다.

오지랖이 넓다는 말은 대부분 주제넘게 아무 일에나 쓸데없이 참견할 때 사용한다. 도가 지나치면 화가 난다. 뭘 모르고 아무 일에나 끼어드는 데 참을 수 없는 것이다. 오지랖이 넓으면 남의 싸움에 칼 뺀다고 한다. 그러다가 그 칼에 자꾸 베인다. 그때 듣는 말이 있다. "오지랖 넓게 이 일 저 일 참견하지 말고 네 일이나 신경 쓰렴."

염치없이 행동할 때 오지랖 넓다고도 한다. "너 혼자 그 많은 음식을 다 먹었으면서도 동생 몫으로 남겨둔 것까지 욕심을 내니? 참 오지랖이 넓기도 하

네." 그땐 고개를 푹 숙일 수밖에 없다.

오지랖이 넓어서 아무 일에나 잘 답작거리는가? 자신과 관계없는 일까지도 참견을 해야 직성이 풀리는가? 그러다 한 소리 듣는다. "참 오지랖이 넓구나." 욕이다. 그런데 어디서 소리가 들린다. "왜 가만히 있는 나를 들먹거리시오?" 오지랖이 화가 났다.

10
염장 지르지 마: 상대의 약점을 공격하여 고통에 빠트리지 마라

가만히 있는 사람 속을 들쑤시며 괴롭히고 힘들게 할 때 흔히 하는 말이 있다. "염장 지르지 마!" 이게 무슨 말일까? 유래를 찾아보니 갈래도 많고 정확한 것을 집어내기 어렵다. 그야말로 염장 지른다. 크게 세 가지 설로 축약시켜 본다.

첫 번째는 식품설로, 가장 인정을 받는 설이다. 식품의 부패를 막기 위해 소금에 절여 저장하는 염장(鹽藏)이 있다. 그런데 '염장 지르다'라고 할 땐 소금과 간장을 뜻하는 염장(鹽醬)이라는 단어를 주로 사용한다. '지르다'는 것은 '뿌리다'로 소금이나 간장을 뿌리는 행위를 뜻한다. 그런데 이것이 괴로운 것과 무슨 상관이 있을까? 그것은 옛날식 고문 방법과 연결되어 있다. 고문할 때 죄인의 상처에 소금이나 간장을 뿌려 그 고통의 수준을 높이는 것이다. 아픈 데자꾸 소금을 뿌려대니 얼마나 따가울까.

두 번째는 심장(心臟)을 찌르는 고문 행위에서 유래했다는 설이다. 이때 염장은 심장을 뜻한다. 순환계 또는 심장계의 중심 장기인 염장을 막대기로 때리거나 쇠꼬챙이로 쑤셔 고통을 주는 것이다. 그러므로 '염장 지르다'는 다른 사람의 심장을 가격하여 아프게 한다는 뜻이다. 죽을 맛이다.

끝으로, 신라시대 해상왕 장보고를 암살한 염장(閻長)에서 나왔다는 설이다. 『삼국사기』에 따르면 신라 문성왕 8년 장보고가 청해진을 근거지로 반란을 일으키려 한다는 소문에 장보고의 심복 장수 염장(閻長)을 매수해 그를 암살하도록 했다. 염장은 장보고를 찾아가 신라를 욕하며 같이 출정하겠다고 했다. 장보고는 고마운 마음에 출병 축하 자리를 마련했다. 염장은 장보고에게 자꾸 술을 권했고, 장보고는 결국 인사불성이 되었다. 기회를 엿보던 염장은 칼을 뽑아 장보고를 죽였다. 염장이 지른 칼에 해상왕국의 영화도 함께 무너졌다. 그래서 훗날 상대의 약점을 공격하여 고통에 빠트리는 것을 '염장 지르다' 했다는 것이다. 이 염장 지름에는 배반의 아픔이 있다.

유래야 어떻든 상처 난 가슴에 소금 뿌려 따갑고 아프게 하거나, 아픈 곳을 더 찔러 아프게 하거나, 약점을 공격해 돌이킬 수 없는 고통 속으로 밀어 넣을 때 얼마나 속이 상하고 답답할까. 그땐 소리 칠 수밖에 없다. "염장 지르지 마! 그만 뿌려!" 제발 말로라도 염장 지르는 일은 하지 말자.

11
괜찮아: 괜찮은 것과 괜찮지 않은 것을 구분하라

때로 걱정되는 말을 해놓고서도 저편에서 "지금은 어때?" 물으면 "괜찮아, 걱정하지 마." 대꾸한다. 그러면 처음부터 걱정되는 말을 하지 말 것이지. 괜찮기는 뭐가 괜찮다는 것인지 모르겠다. "그거야 안심시키려 하는 것 아니겠소"

우리가 자주 하는 말 가운데 하나가 '괜찮아(It's alright)'이다. 이 말처럼 다정스럽고, 안심케 하는 말도 없다. 그런데 이 말을 어떻게 사용하느냐에 따라 의미가 달라진다.

천국언어에는 "미안해요", "감사해요", "좋아요" 외에도 "괜찮아요"가 있다고 말한다. 그러면서 이 언어를 자주 사용하자고 한다. 자주 사용하는 말인데도 더 자주 사용하자는 것이다.

그런데 이때 "괜찮아요"는 다소 의미가 다르다. 상대가 실수할 때 너른 마음으로 이해하고 봐주자는 것이다. 특히 상대방이 본의 아니게 실수를 했다면 허용하는 것이 예의가 아니겠는가. 가정에서나 직장에서 어느 정도의 규율과 질서가 필요한 것은 사실이다. 하지만 너무 규율만 따지면 그것은 마치 양복을 입은 채 잠자리에 드는 것과 같이 부자연스럽다. 상대방의 실수나 약점이 드러났을 때 "괜찮아"라고 말하면 그 상냥함에 모두의 마음이 부드러워진다.

유학 시절 학교구내식당에서 배식을 받다 학생들이 종종 식판을 잘못 다뤄 음식이 바닥에 쏟아졌다. 그때 다른 학생들은 모두 박수를 쳤다. 괜찮다는 것이다. 골든 벨에 도전한 학생이 중도에서 하차하게 될 때 학생들은 소리친다. "괜찮아, 괜찮아." 이 소리가 정겹다.

최숙희가 쓴 『괜찮아』에 이런 글이 있다. "개미는 작아. 괜찮아. 영차영차 난 힘이 세. 고슴도치는 가시가 많아, 괜찮아. 뾰족뾰족 나는 무섭지 않아. 기린은 목이 길어. 괜찮아. 길쭉길쭉 나는 높이 닿아. 그럼 너는? 괜찮아. 나는 세상에서 가장 크게 웃을 수 있어."

그래 조금 불편해도 괜찮아, 사랑해도 괜찮아. 울어도 괜찮아. 하지만 "괜찮지 않다"고 해야 할 때가 있다. 잘못된 욕망이 솟구칠 때, 또 그것이 우리를 악의 자리로 유혹할 때 단호히 거부해야 한다. "괜찮아, 괜찮아" 하다간 구렁텅이로 빠진다. 한 번 잘못 용인하면 다음을 추스르지 못한다. 안 되는 것은 안 된다.

한 가지 더. "괜찮아." 이 말을 들으면 푸근하다. 그런데 가끔 이 푸근함을 너무 즐긴 나머지 나를 충분히 다스리지 못하는 것 아닌가 하는 생각이 든다. 한국인들은 대부분 '괜찮아 병'을 가지고 있다. 짚고 넘어가야 할 부분도 '괜찮아' 하면서 대충대충 넘어간다. 빠져선 안 될 것도 '바빠서 그런데 뭘, 괜찮아' 하고, 예의가 없어도 '요새 사람들 다 그렇지 뭐, 괜찮아' 하며 넘어간다. '괜찮아'가 바이러스가 되었다.

속으로 다잡아본다.

'괜찮지 않아. 고쳐.'

갑자기 내가 무서워졌다.

그 순간 '괜찮아'가 옆구리를 톡톡 치며 말한다.

"너무 그러지 마셔."

괜찮아를 사랑할까 말까? 괜찮아, 참 고질병이다. 괜찮은 것과 괜찮지 않은 것을 확실히 구분할 일이다.

12
15인치 여행: 사랑과 용서가 차디찬 겨울을 녹인다

　미국인들은 머리에서 가슴으로 가는 15인치 여행이 가장 길다고 말한다. 고작 30cm밖에 안 되는 거리인데 머리에서 가슴까지의 거리가 세상에서 가장 먼 거리라니. 하지만 그토록 고양이와 개처럼 아옹다옹하며 살다 죽기 직전 용서하고 화해하는 모습을 보면 왜 그런 말을 하는지 이해가 간다.

　김수한 추기경은 그의 책 『인생덕목』에서 "머리와 입으로 하는 사랑에는 향기가 없다. 진정한 사랑은 이해, 관용, 포용, 동화, 자기 낮춤이 선행된다. 사랑이 머리에서 가슴으로 오는 데 70년이 걸렸다"라고 고백했다. 평생 사랑의 삶을 살아온 그가 머리에서 가슴으로 내려오는 데 70년이 걸렸다면 보통사람은 어떨까 싶다.

　사랑에는 머리로 하는 사랑과 가슴으로 하는 사랑이 있다. 머리로는 약자의 편에 서고, 입으로는 선행을 말하지만 실제 행동이 없는 경우가 허다하다. 이것은 머리로 하는 사랑이다. 왜 행동하지 않느냐고 물으면 자기 합리화에 바쁘다. 머리를 먼저 쓴다. 이에 반해 자기 이익을 생각하지 않고, 이유를 따지지 않고 먼저 베풀며 용서하는 사람도 있다. 가슴으로 하는 사랑이다. 철학은 냉철한 이성을 강조하지만 종교는 따뜻한 사랑을 강조한다. 은촛대를 훔친 위험인물 장발장을 감싸준 미리엘 주교의 모습은 언제나 감동적이다. 사랑이 없으면 불가능하다. 그런데 종교생활을 하면서도 자꾸 이성을 앞세우려는 우리 모습이 자주 보인다. 아직도 고고한 철학자로 남아 있기를 더 좋아하나 보다.

　영어에 "사랑은 그것이 표현될 때까진 아직 사랑이 아니다"라는 말이 있다.

사랑은 행동으로 표현되어야 한다는 말이다. 사랑을 머리에서 가슴으로 내리는 데 70년이 걸려도 후회하지 않는다면 가슴이 없는 것이 아닐까. 가슴까지 내려가지 않고 죽는다면 그 인생길은 얼마나 척박할까. 지금 사랑한다고 말하자. 용서한다고 말하자. 그 말들이 이 차디찬 겨울을 녹일 것이다.

13
관심: 작은 관심이 물결을 일으킨다

밤 8시를 넘긴 시간, 그는 국도에서 운전을 하고 있었다. 익숙한 길이 아닌 데다 커다란 탑차가 앞에서 운행 중이었다. 그런데 앞의 탑차가 갑자기 비상등을 켜는 것이었다. 순간 그는 앞에 어떤 장애물이 있음을 직감했고, 곧 커다란 웅덩이가 나왔지만 앞차의 신호 덕분에 장애물을 피해 안정운행을 할 수 있었다. 고마운 마음에 그 차 뒤를 따르며 유심히 지켜보았다. 운전자는 보이지 않았지만 트럭운전자는 난폭하다는 편견을 깨뜨리게 되었다. 신호등에서 급정거를 해야 할 때는 뒤차를 위해 비상등을 켜주고, 추월을 할 경우 미안하다는 신호를 보내며 배려하는 운전을 하는 것이었다. 그는 그 차 뒤에 있는 회사 이름과 전화번호를 적었다.

다음 날 그 회사에 전화를 걸어 상황을 간략히 설명하고 그 사람을 칭찬해주었으면 하는 바람으로 전화를 했노라 했다. 전화를 받던 사람은 차량 관리자로 직원이 그렇게 모범적이었던 것에 기뻐했다.

잔잔한 호수에 나뭇잎이 하나 떨어져도 그 물결은 호숫가에까지 다다른다. 아마 그 회사에서는 이 작은 이야기가 잔잔한 물결을 일으킬 것이다. 너무도 평범한 것에 관심을 가지고 보아주는 사람이 있고, 그것이 회사의 이미지로 연결된다는 가치도 깨닫게 될 것이다.

'인간관계와 갈등관리' 클래스. 그는 이 경험담을 발표하면서 이렇게 마무리했다. "주변을 돌아보면 내가 참여할 수 있는 것은 너무도 많습니다. 세상을 조금 더 아름답게 하고 싶은 마음이 있다면 자신이 먼저 변화하십시오. 그리고 관심을 가지고 참여하십시오."

14
권리선언: 돌보는 자의 노고를 잊지 마라

치매에 걸린 아내를 지극 정성으로 돌보고 있는 한 남편. 사람들은 그를 가리켜 '천사'라 부른다.

"어떻게 그렇게 잘 돌보실 수 있어요?"

"이곳저곳에 붙여놓지. 인내, 관용, 동정, 사랑, 수용, 감사, 융통성이라는 단어들을. 이해하면 돌볼 수 있어. 이해하기 전까지는 힘들지."

외국에 나가 있는 자식들에게 잘 돌볼 수 있는 책들을 보내달라고 했단다. 더 이해하기 위해서. 아마존에 들어가서 보니 그와 관련된 여러 책이 소개된다. 그러나 그가 보고 있는 것과 정확히 매치되는 책을 찾기 어려웠다.

그런데 그가 말하는 '돌보는 자(caregiver)의 권리 선언문'이 새롭다. 책에 소개되는 말이라 했다.

- 남을 돌보기 전에 나 자신을 돌본다. 사랑하는 사람을 돌보기 때문에 자신의 건강을 돌봐야 한다.
- 다른 사람에게 도움을 요청할 권리가 있다.
- 나 자신의 생활을 유지할 권리가 있다.
- 내가 화낼 권리가 있다.
- 사랑하는 사람이 나에게 요구할 때 죄책감 없이 거절할 권리가 있다.
- 내가 하는 일에 있어서 긍지를 느낄 권리가 있다.
- 나 자신을 방어할 권리가 있다.
- 나와 똑같은 입장에 있는 사람들을 이해하고 도와준다.

오죽 힘들면 돌보는 자의 권리까지 나올까. 오늘도 여러 차원에서 아픈 자를 돌보는 사람들의 노고를 잊어서는 안 될 것이다. 그들이 바로 천사들이다.

15
마이클 배리: 용서가 당신의 건강을 좌우한다

마이클 배리(Michael Barry) 목사가 『용서 프로젝트(The Forgiveness Project)』라는 책을 내놓았다. '암을 정복하고, 건강을 찾으며, 평안을 얻을 수 있는 놀라운 발견'라는 부제를 달았다.

용서와 암이 과연 관련이 있을까? 그는 암환자를 대상으로 한 수년 동안의 연구결과를 바탕으로 이 중요한 질문에 대한 답을 찾고자 했다. 필라델피아의 미국암치료센터(CTCA: Cancer Treatment Centers of America) 내 목회원 원장으로 있는 그는 철저한 의학적·신학적·사회학적 조사와 임상경험에 근거해 놀라운 발견을 했다. '면역체계와 용서는 아주 깊게 연관되어 있다'는 것이다. 이것은 용서와 암이 서로 연결되어 있다는 말이다.

배리는 책을 통해 암환자 이야기를 했다. 유방암 환자인 제인은 용서하는 방법을 배우고 난 후 영적으로나 육적으로 새로워지는 경험을 했다. 캐시는 용서를 통해 긍정적인 인간관계를 회복했다. 배리는 이 사례들을 통해 치유와 평안을 방해하는 장애물이 무엇인가를 밝혀내고, 그것을 극복하도록 했다.

용서를 말하지 않는 종교는 없다. 그러나 기독교는 용서가 필수라고 말한다. 배리에 따르면 용서하지 않는 마음은 질병처럼 건강을 해친다. 만성불안장애가 소화기능을 저하시키고 심혈관계에 영향을 주며 면역체계까지 해친다. 그는 환자들에게 예배당 기원 벽에 용서의 기도문을 남기라 한다. 용서에 마법은 없다. 용서하고자 하는 마음으로 겸허하게 자신의 영성을 되새겨보며, 자신이 분노하고 있다는 사실을 인정한다면 용서를 깨달을 수 있다. 일단 용서를 하게 되면

미움이라는 마음의 짐을 내려놓을 수 있고, 그래야 치유가 시작된다.

배리의 용서 프로젝트는 용서하지 못하고 미워하는 것이 우리 삶에 얼마만큼 악영향을 주는지 조명했다. 과거를 용서하지 못하면 평화는 없다. 미움으로 가득 찬 삶에서 해방되지 못하면 그것이 자신을 여지없이 파괴시킨다. 그는 말한다. "용서하라. 그러면 치유의 기쁨을 누릴 것이다." 용서가 영적으로, 육적으로 당신의 건강을 좌우한다. 예수님은 용서하고 또 용서하라 하셨다. 아니 원수까지 사랑하라 하셨다. 용서가 당신을 살린다. 당신은 진정 용서하고 있는가?

제6부 진실과 사랑이 거짓과 증오를 이긴다

01
프로이트: 지도자는 그냥 지도자가 아니다

프로이트에 따르면 지도자가 있는 집단과 없는 집단에는 유대와 결속 면에서 차이가 있다. 그만큼 집단은 지도자에 의존한다는 말이다.

지도자가 있다 없으면 염려가 발동한다. 예를 들어 군대에서 총사령관은 지도자다. 전장에서 "장군의 목이 떨어졌다!"는 외침을 듣는 순간 지도자가 상실되었다는 생각에 군사들은 금방 혼란에 빠진다. "어쩌지?" 지도자와 유대가 끊어지는 순간 심지어 공황상태에 빠질 수 있다. 그렇게 믿었던 예수가 십자가에 달려 죽었을 때 그의 제자들은 얼마나 혼란스러웠을까.

왜 그럴까? 지도자는 집단 안에서 중심인물이기 때문이다. 지도자는 개인구성원의 공통적 자아이상(ego ideal)이라는 특성을 가지고 있다. 그 이상이 높을수록 지도자의 지배력은 커진다. 그만큼 힘을 발휘할 수 있기 때문이다. 내재화된 부모의 이미지마저 거부하고 그 역할을 지도자에게 일임했다. 그래서 지도자의 마력은 크다.

프로이트에 따르면 지도자에 대한 믿음이 흔들리는 것도 문제다. 지도자에게 자신의 모든 양심까지 걸었을 만큼 올인 했는데 지도자에 대한 믿음이 흔들린다면 어떻게 될까? 불안감이 높아지면서 구성원은 살맛을 잃는다. "이제 무엇을 믿고 산다는 말인가!" 활동이 불가능할 수도 있다. 소망을 잃었기 때문이다.

　지도자에 대한 프로이트의 관점은, 한마디로 지도자는 그냥 지도자가 아님을 가르쳐준다. 집이든 회사든 교회든 한 나라든 지도자 당신의 어깨 위에 기대와 소망이 실려 있다. 지도자는 결코 자기만을 위한 존재가 아니다.

02
스티븐 코비: 농사에 원칙이 있듯 리더십에도 원칙이 있다

한국인들의 가정에서 종종 '가화만사성(家和萬事成)'이란 글귀를 볼 수 있다. 이것은 가정에서 화목을 얼마만큼 중시하는가를 엿볼 수 있다. 화목은 가정생활의 중요한 원칙 중 하나다. 이것이 깨지면 가정이 아니라 지옥이 된다.

스티븐 코비의 책 가운데 『원칙중심의 리더십(Principle-Centered Leadership)』이 있다. 사람들은 살아가면서 수많은 어려움을 만난다. 그 가운데 상당수는 일반적인 방법으로 풀기 어려운 것들이 있다. 문제에 직면했을 때 필요한 '원칙'을 그는 농사에 비유했다. 농부가 따라야 할 원칙이 있는 것처럼 리더도 따라야 할 원칙이 있다는 것이다.

농사에 빠르고, 쉽고, 자유롭고, 재미있는 접근법은 없다. 풍성한 수확을 얻기 위해서는 땅을 갈고, 씨를 뿌리고, 잡초를 뽑아야 한다. 이것이 원칙이다. 농부는 자기 의사와는 상관없이 자연이 지배하는 이 원칙을 따를 수밖에 없다. 아무리 시간이 지난다 해도 이 법칙은 변하지 않는다.

리더십에도 원칙이 있다. 리더들은 끊임없이 배우고 서비스 지향적이며, 언제나 긍정적 에너지를 발산한다. 다른 사람을 믿고 균형 잡힌 삶을 살며, 인생을 모험으로 여기고 시너지를 적절히 사용한다. 그리고 자기 쇄신을 위해 부단히 노력한다. 이것이 바로 리더들이 가져야 할 8가지 원칙이다.

그에 따르면 이 리더십에는 전체론적이고, 생태학적이며, 발전적이고, 주도적이라는 4가지 패러다임이 존재한다. 다른 모든 생태계와 마찬가지로 조직도 모든 것이 서로 밀접하게 연관되어 있다. 전체와 부분이 분리되어 있는 것이 아니라 '불가분의 전체'로 존재한다. 나아가 리더십은 활동력 없는 무생물이나 식물 또는 동물에 기반을 두는 것이 아니라 주도적인 사람들에 바탕을 두고 있다.

　농사든 조직운영이든 삶을 발전적으로 유지하기 위해서는 지켜야 할 원칙들이 있다. 우리도 자신을 가꾸어가는 농부요 리더라면 삶의 몇 가지 원칙쯤 두고 살아야 하지 않겠는가. 유조선이 난파하면 환경과 기후, 식물의 성장과 모든 생물의 삶의 질에 영향을 준다. 마찬가지로 나의 사소한 잘못이 전체에 고통을 줄 수 있다. 이 진실을 안다면 좀 더 원칙 중심의 삶을 살아야 하리라. 항구에 닻을 내릴 때까지 그 원칙을 지키며 매사에 정진할 일이다.

03
자기 훈련: 내면의 깊이만큼 칭송을 받는다

지도자에게 꼭 필요한 것이 있다면 그것은 자기 훈련이다. 특히 밖으로 여행하기 전에 먼저 떠나야 할 여행이 있다. 그것은 바로 자기 내면으로의 긴 여행이다. 사금 1그램을 얻기 위해 모래 20톤이 필요하다. 최고의 것을 얻기 위해서는 많은 정제의 시간이 요구된다.

지도자는 세상을 정복하기 원한다. 하지만 아무리 원대한 꿈을 가졌다 해도 어리석으면 성취할 수 없다. 내면이 풍성해지면서 자기 안의 아픔을 이겨낼 수 있고, 그 지혜가 밖으로 뻗어가며 지도자로서의 면모가 가꿔진다. 내면의 성숙이 없으면 자신을 정복할 수 없고, 세상을 이길 수도 없다.

켄 블랜차드는 말한다. "뛰어난 기업가일수록 자신의 아집이 회사를 망치게 하는 것을 경계해야 한다." 이 말은 내면의 깊은 훈련을 통해 아집을 벗어나야 한다는 말이다. 작은 이익을 얻기 위해 남을 속여서는 안 되고, 사람의 옳고 그름을 따지기보다 행동의 옳고 그름을 따지는 연습도 필요하다. 이를 위해 지도자에겐 홀로 있는 시간이 필요하다. 그 시간은 성찰의 시간이요 자기 훈련의 시간이다.

내면의 성숙이 밖으로 드러나 조직 속에서 아름답게 승화되도록 해야 한다. 일은 혼자서 하는 것이 아니라 함께한다. 그 일이 참될수록 축제가 된다. 의기투합하여 기쁨으로 참여하고, 혼신의 힘을 다한다. 조직의 성과는 과정에서도 차이가 있다.

자기 훈련 때 잊어서는 안 될 것이 있다. 지도자는 자기 유익만 취하는 사람이 아니라는 사실이다. 자기보다 남의 유익을 먼저 생각할 때 그 리더십이 오래갈 수 있다. 아니, 그 리더십이 모범이 된다. 이것은 내면의 속 깊은 자기 훈련에서 나온다. 영웅은 언제나 성찰의 깊이만큼 칭송을 받는다.

04
남명 조식: 경으로 안을 곧게 하고 의로 바깥을 바르게 한다

남명 조식(曺植)은 조선 중기 성리학자이자 영남학파의 거두로, 퇴계 이황과 동시대 인물이다. 그는 조선 처사(處士)의 상징이다. 처사란 평생 벼슬길에 나아가지 않고 초야에 은둔하면서 학문에 정진한 사람을 말한다.

어느 날 그는 "벼슬을 하려면 나라를 위해 큰일을 해야 하고, 초야에 있으려면 자신을 가꾸어야 한다"는 글을 읽게 되었다. 자기 수양이 먼저라고 생각한 그는 벼슬길을 포기하고 초야에 묻혀 정진하기로 작정한다. 한 글귀가 그의 삶을 완전히 바꿔놓은 것이다. 글은 그만큼 강한 힘이 있다.

그는 성성자(惺惺子)라는 방울을 달고 다녔다. 성성자는 '깨어 있고 또 깨어 있으라'는 뜻으로, 그는 걸을 때마다 나는 그 소리를 들으며 스스로 경계하고 반성하였다.

또한 그는 경의검(敬義劒)이라는 칼을 차고 다녔다. 그는 칼에 '안에서 밝히는 것은 경이요, 밖에서 결단하는 것은 의다(內明者敬 外斷者義)'라는 글을 새겼다. 안으로 마음을 깨끗이 하고 밖으로는 행동을 절단하겠다는 단호함이 담겨 있다. 사욕이 일어나면 단칼에 베어버리겠다는 것이다.

경(敬)과 의(義)는 그의 학문과 실천의 키워드로, '군자는 경으로써 안을 곧게 하고, 의로써 바깥을 바르게 한다'는 주역(周易)의 글에서 나온 것이다. 그는 경과 의를 삶에 옮겼을 뿐 아니라 제자들에게도 철저한 자기 절제와 함께 불의와 타협하지 않는 절의를 가르쳤다.

그는 당시 사회현실과 정치적 모순을 강하게 비판하였다. 단성소(丹城疏)라

불리는 그의 사직상소는 그의 강직함을 보여준다. 남명의 인물됨을 알아본 조정이 그에게 단성 현감 벼슬을 제안했지만 이를 거부하면서 올린 상소이다. 그는 타락한 권력을 마구 질타했다.

"전하의 나랏일은 이미 잘못되었고, 나라의 근본은 이미 없어졌으며, 하늘의 뜻도 이미 떠나버렸고 민심도 이반되었습니다. 낮은 벼슬아치들은 술과 여자에만 빠져 있습니다. 높은 벼슬아치들은 빈둥거리며 뇌물을 받아 재산 모으기에만 여념이 없습니다. 온 나라가 안으로 곪을 대로 곪았는데도 누구 하나 책임지려 하지 않습니다."

국왕 명종과 섭정을 하는 대비 문정왕후에 대한 질타도 잊지 않았다. "대비는 구중궁궐의 한 과부에 불과하고 국왕은 아직 어리니 돌아가신 왕의 한 고아일 뿐이다." 존엄을 감히 과부와 고아라 하다니. 그리고 그는 왕이 좋아하는 일이 무엇이냐 물었다. 왕이 무엇을 좋아하느냐에 따라 나라의 존망이 달렸다고 생각했기 때문이다. 스물을 갓 넘긴 명종은 그를 불경죄로 다스리라 했다. 하지만 사관은 '문책은 언로를 막는 것'이라며 막았다. 그의 상소는 조선을 뒤흔들었다.

일생 자신을 가다듬고 타락한 권력을 질타하며 무기력한 사회에 경종을 울린 남명, 그는 선비 중의 선비였다. 말로만 선비가 아니라 행동하는 선비였다. 그는 가고 없지만 우리 모두 마음 깊숙이 성성자 방울을 달고, 경의검을 차야할 때다.

05
송취: 복수보다 상생의 길을 택하라

양과초과(梁瓜楚瓜)는 양(梁)나라와 초(楚)나라 오이밭에 관한 얘기다. 양나라 대부 송취(宋就)가 현령으로 있을 때 초나라와 경계하고 있었다. 두 나라 사람들이 국경을 사이에 두고 오이를 심었다. 오이농사 경쟁을 한 것이다.

양나라 사람들은 송취의 지도 아래 자주 물을 주었고 온갖 정성을 다했다. 그 결과 풍작인 데다 오이의 맛도 아주 좋았다. 반면에 초나라 오이농사는 흉작인데 품질도 볼품이 없었다. 밭에 물 주는 일을 게을리했을 뿐 아니라 정성을 다하지 않았기 때문이다.

양나라 오이 수확 결과를 보며 심술이 난 초나라 국경 수령은 사람을 시켜 해코지했다. 밤중에 몰래 양나라로 가 오이를 긁고 목을 따 팽개쳐버린 것이다. 이 사실을 알게 된 양나라 정장(亭長)이 화가 나 송취를 찾아갔다.

"당장에 초나라 오이밭을 긁고 뭉개버리겠습니다. 허락해주십시오."

당장 앙갚음을 하겠다는 정장과 달리 송취는 다른 길을 택했다.

"그 방법은 화를 나누는 것이다. 내일부터는 사람을 시켜 밤에 몰래 초나라 오이밭에 물을 주라. 그래야 초나라 오이들이 잘 자라 더 이상 시기를 하지 않을 것이다."

정장은 그의 명령대로 사람을 시켜 남몰래 초나라 오이밭에 물을 주며 정성을 다했다. 그 결과 이듬해에는 초나라 오이밭이 양나라 것보다 오히려 더 잘 되었다.

양나라 사람들이 밤마다 몰래 물을 주었다는 사실을 알게 된 초나라 수령은 감동하였고 이 일을 왕에게 보고했다. 초나라 왕은 아주 기뻐하며 양나라에 귀중한 물품을 보내 사례했고, 이를 계기로 두 나라는 우호관계를 맺었다.

　다산 정약용은 『목민심서』에 양과초과 이야기를 소개하였다. 지도자가 어떻게 하면 나라를 편히, 그리고 덕으로 다스릴 수 있는가를 말해주고 싶었던 것이다. 상대가 나를 힘들게 하는가? 복수보다 상생의 길을 택하라. 복수를 하면 더 원수가 될 것이고, 용서하고 도우면 원수도 감동할 것이다.

06
폭력: 학교를 없앤다고 폭력이 사라지는 것은 아니다

집안에서 늘 동생 괴롭히고, 말썽을 피우는 아이다. 뭔가 스트레스를 많이 받고 있음에 틀림없다. 이 아이에게 그림을 그리게 한다. 찰흙을 가지고 놀게 한다. 그리고 벽에 붙인 종이에 물감을 큼직하게 찍게 한다. 아이는 그림을 통해 상대를 통쾌하게 무찌르고, 찰흙을 주무르거나 물감을 콕콕 찍어 스트레스를 날려버린다. 아, 시원하다. 한 가지 더. 아버지가 그와 함께 열심히 놀아준다. 아버지가 좋아진다. 집안에서 동생을 괴롭힐 이유도 사라졌다. 오히려 동생을 배려하는 아이로 변한다. 이 모두 어린이 공격성 해소 방법이다. 실험 결과다.

요즘 청소년 폭력문제가 사회화되었다. 그런데 신문에 학교폭력을 줄이는 방법으로 100개 중학교에 드럼클럽을 만든다고 한다. 북을 치면서 스트레스를 날려버리는 것이다. 드럼만이 유일한 해소책은 아니다. 축구나 농구 등 운동을 함으로써 날리기도 하고, 그림을 그리거나 음악을 하거나 여행을 하거나 여러 출구를 통해 스트레스를 해소한다.

어찌 되었던 스트레스가 쌓이면 언젠가 분출하게 되어 있다. 그것이 인간을 공격하는 것으로 해소되어서는 안 된다. 가장 인간적이고, 모두가 공감하는 방법을 찾아야 한다. 자녀들과 함께 들로 나가라. 공을 차라. 산을 오르고, 함께 너털웃음을 지으라. 그러면 아이는 느끼게 될 것이다. "세상은 아름답구나. 나도 아름답게 살아야지."

학생들의 폭력현상이 도를 넘어서고 있다. 일부 학생들은 아예 학교를 없애면 폭력과 왕따현상도 없어질 것이라는 말까지 한다. 학교를 없애라? 그럴 수는 없지 않은가. 학교가 없어졌다고 해서 폭력이 사라진다는 보장도 없다.

폭력에는 다 원인이 있다. 학자들은 유전, 환경, 자기 보호 등 여러 이유로 남을 공격한다고 말한다. 그 원인 가운데 하나로 가정문제가 있다. 자녀들과의 놀이와 대화가 실종되는 사이 아이들은 가정에서 멀어지고, 밖은 화풀이 대상이 되었다는 것이다. 문제 아이들은 가정보다는 밖에서 자기들끼리 시간을 더 보낸다. 가정은 더 이상 평안한 곳이 되지 못하고 있다. 그들이 크면 어떻게 될까? 앞으로 남을 배려하는 사회가 되지 못할 것이라는 우려감이 팽배하다. 우리 사회가 기형이 되면 전체의 안전이 흔들리게 된다.

문제이든 아니든 젊은이들의 소외감을 해결하는 것이 중요하다. 그 답은 그냥 주어지지 않는다. 집안에서부터 서로 배려하는 문화를 만들어 가정부터 회복되어야 한다. 서로 배척하고 관심을 주지 않으니 외롭다. 그렇다 보니 서로 치고 받는 것 아니겠는가.

베니어(J. Vanier)는 우리로 하여금 외로움에 대해 깊은 관심을 갖게 한다. 외로움은 어느 곳에 속하지 못하고 떨어져 있는 느낌을 주며, 죽음을 경험하게 한다. 외로움을 극복하기 위해서는 관계회복이 중요하다. 그는 관계 회복을 위한 사랑의 7가지 면을 제시했다. 표현하기, 이해하기, 의사를 전하기, 축하하기, 힘을 주기, 누군가와 함께 나누기, 그리고 용서하기다.

인간은 누구나 외롭다. 그러나 외로움을 함께, 그리고 적극적으로 극복해나갈 때 그 외로움은 오히려 기회일 수 있다. 베니어는 외로움을 새로운 창조의 길로 내모는 힘으로, 이 힘든 세상에서 좀 더 진리와 정의를 창조하는 에너지의 원천이 되도록 하라고 말한다. 이것은 홀로 있게 하는 것과는 다르다. 사회문제는 우리가 어떻게 하느냐에 그 결과가 달라진다. 서로 관심을 갖고 좀 더 배려하자. 그것이 지금 우리가 시작해야 할 일이다.

07
슈바이처: 열정과 자기희생으로 치열한 삶을 살라

알버트 슈바이처(A. Schweitzer)는 의사, 신학자, 철학자, 그리고 음악가이다. 그는 의료선교사로서 적도 아프리카 가봉에 헌신해 1952년 노벨평화상을 받았다. 제1차 세계대전 때는 적국 외국인, 곧 독일인이라는 이유로 현지에서 구금되었고, 전쟁포로가 되어 프랑스에서 억류되기도 했지만 인류에 대한 그의 사랑을 막을 수는 없었다. 많은 사람들이 그를 본받아 의료선교사가 되었다. 루터교 목사의 아들로 태어난 그는 교회예배를 위해 오르간을 연주했다. 그는 아프리카 병원 설립을 위해 유럽 전역을 돌며 연주했고, 바흐의 인생과 예술도 연구해 『바흐의 오르간작품』이란 저서도 출간했다. 그는 철학자로서 『문화철학』을 써 문명의 존속을 위한 윤리원칙으로 생명의 경외사상을 주장하기도 했다.

그렇다면 그는 신학자로서 무슨 족적을 남겼을까? 그는 『사도 바울의 신비』를 써 바울에 대한 관심을 보였지만 정작 그를 유명하게 한 것은 예수에 대한 연구이다.

20세기에 예수에 대한 역사적 연구나 탐구가 봇물을 이루었다. 당시 흐름을 보면 이 연구에도 신·구 방법이 있었다. 구 방법은 19세기 방법을 이어받은 것으로, 역사적인 것만 남기고 비역사적인 것을 모두 제거하는 방법이다. 여기엔 이적이나 종말론 등에 관한 것은 없고 윤리적 예수만 남는다. 신 방법은 구 방법을 벗어난 것으로, 로빈슨(J. Robinson)의 『역사적 예수의 새로운 연구』가 기점이다. 또한 슈바이처의 예수 연구도 신 방법으로 인정을 받았다.

슈바이처는 자유주의 전통에 머무르면서 자유주의 전통에 항거한 인물이다.

그는 윤리적 예수 연구에 반기를 들었다는 점에서 자유주의 전통에 섰다. 하지만 종말론적 입장에서 예수를 연구했다는 점에서 자유주의 전통에 항거했다.

그는 독일어로 『라이마루스에서 브레데까지(Von Reimarus Zu Wrede)』라는 책을 썼다. 이 책은 『역사적 예수에 대한 탐구(The Quest of the Historical Jesus)』라는 이름으로 번역되었다. 이 책은 신학계에 큰 변화를 가져온 유명한 책이다. 그는 여기에서 종말론적 요소를 강조했다. 19세기 역사적 예수 탐구에 결론을 내린 책이다.

그런데 특이한 점은 여기서 예수를 정신이상자로 부각시킨 것이다. 예수가 묵시문학에서 크게 영향을 받았다고 주장한 그는 예수 자신이 메시아이면서도 예루살렘 입성 때 메시아인지 모르겠다며 착각했고, 십자가상에서 "엘리 엘리 라마사박다니" 외치며 돌아가셨다는 것이 그 증거라 했다. 정신이상이 아니면 이런 말을 할 수 없다는 것이다. 그는 예수의 자의식에 의문을 제기했다.

신학적으로 그는 자유주의에 섰다. 자유주의는 이성을 마지막 표준으로 생각한다. 초자연적인 것을 모두 제거한다. 이 시각에서 보면 예수의 감추어진 의도를 애써 알려 하지 않을 것이다.

그는 1965년 9월 그토록 사랑한 선교지 가봉 랑바레네 병원에서 숨을 거두었다. 그가 돌봤던 환자들과 나병환자들, 그와 함께한 의사들과 간호사들, 그리고 세계인들이 그의 죽음을 애도했다. 모두가 이기적인 삶을 살 때 그러한 삶을 거부하고, 자유주의에 있으면서도 자유주의를 거부한 이단자였다. 그는 과학자 아인슈타인과 철학자 러셀 등과 함께 핵실험, 핵전쟁 반대운동을 했다. 그는 말했다. "열정과 자기희생 없이는 세상에 그 어떤 진정한 가치도 성취되지 못한다." 그는 치열한 삶을 산 사람이었다.

오고 강 언덕 위에 그의 무덤이 있다. 생전에 그가 직접 깎아서 만든 십자가가 지금도 그를 지켜보고 있다. 예수를 비판적으로 연구했지만 예수의 십자가를 그토록 사랑한 것이다. 우리 속에 지금 슈바이처와 같은 삶의 열정과 자기희생이 있는지 살펴볼 일이다.

08
패트릭 렌시오니: 신뢰가 결핍되면 조직이 무너진다

조직 생활을 하다 보면 신뢰관계가 형성되지 않아 일을 그르치는 경우가 있다. 신뢰관계가 중요하다는 것은 남북관계만 보아도 알 수 있다. 남북은 서로 믿지 못한다. 그래서 조금도 나아가지 못한다. 그렇게 된 지 어언 70년이다.

베인앤컴퍼니, 오라클 등 여러 요직을 거치며 경영컨설턴트로 유명한 패트릭 렌시오니는 탁월한 조직이 빠지기 쉬운 가장 큰 함정으로 신뢰의 결핍을 꼽는다. 팀 활동 시 신뢰관계가 형성되지 못하면 좀처럼 일을 진척시킬 수 없기 때문이다.

팀이 구성되었을 때 신뢰를 쌓기 위해 가장 쉬운 방법은 각자의 성장 배경에 대해 묻고 답하는 것이다. 공적인 조직에서 사적인 질문을 한다는 것은 엉뚱해 보일 수 있다. 그러나 일은 사람이 한다. 서로의 마음을 얻기 위해서는 인간적인 접근이 좋다. 상대의 성장 배경을 묻고 이야기할 때 서로에 대한 이해의 폭이 넓어지고 공감 영역이 생긴다. 한 시간도 안 되어 서로 편하게 느끼게 되고 서로를 정서적으로 받아들이게 된다. 결속력도 생긴다.

그다음 MBTI 등으로 서로의 성격을 이해한다. 성장 배경을 묻고 답하는 것은 팀원의 과거 이해에 바탕을 두고 있다. 그러나 성격 이해는 현재를 이해하는 데 도움을 준다. 성격에는 선천적인 요소도 있고 후천적인 요소도 있다. 하지만 성격검사는 자신뿐 아니라 구성원의 현재를 아는 데 유용하다. 검사를 통해 각자의 행동성향을 파악하면 다음을 준비할 수 있다.

구성원 모두 과거의 나와 현재의 나를 알았다면 그것을 바탕으로 일을 보다 효율적으로, 효과적으로 할 수 있는 방향으로 나가는 것이 중요하다. 각자의 배경과 성격이 장점으로 작용할 수 있는 부분이 있고, 단점으로 작용할 수 있는 부분이 있다. 대화와 토론을 통해 장점들을 모으고, 단점까지 장점으로 사용할 수 있는 지혜를 쌓으면서 팀은 신뢰 결핍의 함정을 넘어 미래로 나아갈 수 있다.

물론 렌시오니의 이러한 제안만 신뢰의 결핍을 넘어설 수 있는 것은 아니다. 우리 나름의 방식이 얼마든지 존재할 수 있다. 중요한 것은 서로 불신의 벽을 깨뜨리고 함께 한 길로 나아가는 것이다. 그 마음만 있다면 우리 속에 신뢰의 나무가 무럭무럭 자랄 것이다. 가정의 대소사나 남북문제도 이렇게 풀릴 수 있다면 얼마나 좋을까.

09
거짓말: 몸은 당신의 거짓말을 알고 있다

사람은 잘한 일은 어떻게 하든지 드러내려 한다. 하지만 잘못한 일은 어떻게 하든지 숨기려 든다. 숨기기 어려우면 자신의 잘못을 남에게 전가하든지 거짓말을 한다.

하지만 거짓말하는 것도 쉽지 않다. 몸이 그 실체를 자꾸만 드러내기 때문이다. 동물과 인간 행동을 연구한 데스먼드 몰리스는 사람이나 짐승이 콧등에 손을 대거나 문지르는 것은 어떤 모순된 문제를 두고 갈등하고 있을 때, 피로하거나 당혹했을 때, 지루하거나 욕구불만일 때라 한다. 질문에 적절한 대꾸가 떠오르지 않아 내면의 동요를 숨기려 할 때 나도 모르게 손이 코에 올라간다. 순간적인 갈등이 섬세한 코의 조직에 스트레스 반응을 일으켜 약간의 가려움을 유발하기에 손이 구원에 나서는 것이다.

거짓말할 때도 같은 생리현상이 일어나 손이 자꾸 콧등에 간다. 미국심리학회에서 한 심리학자는 거짓말하면 코가 커진다는 동화 속의 피노키오 이야기에 과학적 근거를 대는 연구발표를 했다. 거짓말하면 코의 모세혈관 조직이 팽창하여 가렵거나 실룩거려 무의식중에 코에 손이 간다는 것이다. 클린턴 대통령이 후에 거짓으로 밝혀진 르윈스키에 관한 증언을 할 때 손을 자주 코에 갖다 댄 것이 그 보기이다.

심리학자 피터 마슈는 거짓말을 손쉽게 알아내는 방법을 여러 가지로 소개한다.

무엇보다 눈이 불안정하다. 거짓말을 할 때에는 아무래도 불안스러워지고 긴

장하게 된다. 그래서 본능적으로 상대방의 시선을 피하려 든다. 그에 따르면 눈은 속일 수 있어도 눈동자만은 속이지 못한다. 눈의 동공은 감정의 기복에 따라 커졌다 작아졌다 하기 때문이다. 그래서 상대방의 시선을 피하지 않으면서 거짓말을 할 때에는 자기 의지와는 상관없이 자동적으로 눈동자가 커진다.

목소리에 변화가 있다. 거짓말을 할 때에는 이상하게도 목소리가 커지고 말하는 속도가 유난히 빨라지거나 느릿느릿해지고 말이 더듬거려지거나 한다. 딴청을 부리거나 쓸데없는 말들을 연발하기도 한다.

웃지 않는다. 진지하게 보이려 하기 때문에서만이 아니다. 자연스러운 미소를 지을 때에는 눈가에 살짝 주름이 잡힌다. 그러나 아무리 뻔뻔스러운 사람이라도 억지웃음을 지을 때에는 오른손잡이의 경우 얼굴의 왼쪽이, 왼손잡이의 경우 오른쪽 얼굴이 굳어진다. 거짓웃음은 자연스러운 웃음보다 오래 계속되고 어색하게 입가에서 사라진다. 그래서 능청스러운 거짓말쟁이는 눈물로 위장을 하기도 하고 맞고함을 치기도 한다.

손에도 변화가 있다. 거짓말을 할 때에는 손을 감추거나 움직이지 않으려 한다. 그래도 양심에 가책을 느끼는 사람은 얼굴에 손이 잘 간다. 몸을 잘 흔들기도 한다.

남자가 거짓말할 땐 몸이 독특한 사인을 보낸다는 주장도 있다.

먼저 눈을 비빈다. 눈은 마음의 창이다. 거짓말을 할 때 상대의 눈을 보고 하기란 쉽지 않다. 집게손가락으로 눈 바깥쪽을 비비면서 말하거나, 코나 귀를 만지거나 비비는 것은 심리적으로 죄책감을 덜려는 행동이다.

아랫입술을 깨문다. 입술을 윗니로 깨물면서 이야기할 경우 진심이 아닐 확률이 크다. 진심이 튀어나올까 봐 필사적으로 노력하면서 입술을 깨물게 된다.

팔짱을 끼거나 다리를 꼰다. 어린아이들은 거짓말을 할 때 양심으로 벗어나기 위해 팔을 비비꼰다. 이것은 어른이 되어서도 비슷한 방식으로 나타난다.

귀를 당긴다. 습관적으로 귀를 당기면서 말을 하는 것은 자신의 내면을 들키고 싶지 않다는 욕망의 표현이다. 거짓말을 할 때 피가 얼굴로 쏠리는 경향이 있다. 말을 하면서 코나 귀를 긁는 것 역시 의심스러운 행동이다.

몸의 이런저런 변화로 거짓말임을 알아내지만 거짓말 도사에게는 이것도 통하지 않는다. 그래서 거짓말 탐지기가 등장한다. 탐지기는 테스트를 받는 사람의 호흡, 혈압, 맥박 등의 변화를 측정하면서 거짓말을 하고 있는지 그 여부를 판정한다. 이것도 죄의식을 전혀 느끼지 못하는 거짓말쟁이에게는 통하지 않는다. 조사관이 거짓말 탐지기를 사용한다 해도 그 정확도는 90%를 넘지 못한다. 탐지기라도 거짓말을 알아내는 데 한계가 있다는 말이다.

결국 거짓말인지 그 여부는 자신의 양심에 맡길 수밖에 없다. 자신이 잘 알지 않겠는가. 하지만 양심에 화인을 맞아 거짓말을 아무렇지 않게 생각하는 사람도 있다. 그런 경우 하나님께 호소할 수밖에 없다. 하나님을 비켜갈 인간은 없기 때문이다.

10
아르키메데스의 원리: 거짓은 결국 드러난다

B.C. 220년경 고대 시칠리아 섬 시라쿠사에 이상한 소문이 돌았다. 히에론 왕이 기술자에게 금덩이를 주고 왕관을 만들도록 했는데 기술자가 금 일부를 빼돌렸다는 것이다. 기술자가 금 대신 은을 섞어 무게를 같게 했다는 것이다. 왕관이 순금이 아니라는 소문만으로 왕은 기술자를 처벌할 수는 없었다.

고민 끝에 왕은 당대 과학자인 아르키메데스에게 소문을 알려주고 그 답을 찾도록 했다. 아르키메데스도 난감했다. 왕의 말대로 왕관을 부수지 않고서야 알아낼 방도가 없기 때문이다.

그러던 어느 날 그는 머리도 식힐 겸 목욕탕에 갔다. 욕조에 들어서는 순간 욕조 밖으로 물이 왈칵 넘쳐흘렀다. 몸의 부피만큼 물이 넘친다는 것을 깨달은 그는 너무 기뻐 소리쳤다. "유레카! 유레카!" 유레카(eureka)는 '알았다'는 뜻이 다. 그는 자신이 알몸으로 거리로 뛰쳐나온 줄도 몰랐다.

그는 궁으로 들어가 왕 앞에서 실험을 해 보였다. 먼저 왕이 기술자에게 준 무게만큼의 금을 물에 집어넣었다. 그다음 같은 양의 은을 물에 집어넣었다. 같은 무게인데도 은이 금보다 넘치는 물의 양이 많았다. 은이나 구리 등의 물질은 금보다 밀도가 작기 때문에 같은 질량의 금보다 그 부피가 더 크다. 그래서 넘치는 물이 많다. 그리고 그는 왕관을 물에 집어넣었다. 만일 넘치는 물의 양이 금과 같다면 이 왕관은 순금으로 만든 것이고, 다르다면 이 왕관은 순금이 아니라는 것이 입증된다. 결과가 어찌 되었을까. 왕관을 넣은 쪽에서 흘러나온 물이 더 많았다. 왕관이 순금으로 만들어지지 않았다는 것이 입증된 것이다. 소문이 진실로 드러나는 순간이었다.

이 실험 결과 이른바 '아르키메데스의 원리(Archimedes' principle)'가 탄생하였다. 이 원리는 물체를 유체에 넣었을 때 물체가 받는 부력의 크기는 물체의 부피와 같은 양의 유체에 작용하는 중력의 크기와 같다는 것이다. 이를 부력의 원리라 하기도 한다. 복잡하게 생긴 물체의 부피는 직접 측정하기 힘들다. 대신 물체를 물과 같이 비중을 아는 물에 담그고 무게를 달아, 담그기 전보다 얼마나 무게가 줄어들었는지를 측정하면 부피를 알 수 있다.

기술자는 왕으로부터 순금을 받았지만 양심을 속였다. 그러나 소문만으로 사람을 처벌할 수는 없는 법. 아르키메데스 원리는 말한다. '거짓은 결국 드러난다.' 우리의 생활 속에서 과학은 이처럼 힘이 있다.

11
인정욕구: 진정 인정받고 싶다면 삶으로 명작을 남겨라

어떤 이는 말한다. 찰스 디킨스로 하여금 소설가로서 불멸의 명작을 남기게 한 것은 무엇이었을까? 19세기 영국의 유명한 건축가 크리스토퍼 렌으로 하여금 뛰어난 건축물을 남기게 한 것은 무엇이었을까? 그것은 바로 인정받고자 하는 욕구였다.

사람들에게 공통된 욕구가 있다면 그것은 인정받고 싶은 욕구이다. 프로이트에 따르면 인간의 행동은 두 가지 동기, 곧 성적인 욕구와 위대해지고 싶은 욕망에서 비롯된다. 듀이는 중요한 인물이 되고자 하는 욕구라 했다. 제임스는 이를 희망이나 동경, 욕망이라 하지 않고 '갈망(craving)'이라 했다. 그만큼 인정에 대한 갈증이 심하다는 말이다. 갈망은 우리의 마음을 끊임없이 뒤흔들어 놓을 만큼 강하다.

어떤 이는 이 욕구를 채우기 위해 비정상적인 방법을 택하기도 한다. 뉴욕 경찰국장 멀루니는 청소년 범죄자들이 체포된 다음 요구하는 것은 자기를 영웅처럼 다룬 신문이라 한다. 자신이 겪게 될 형기보다 자신이 스포츠 스타나 탤런트, 그리고 정치가의 사진과 나란히 실린 것에 관심이 있는 것이다. 델린저라는 사람은 절도에 은행 강도로도 모자라 살인까지 저질렀다. 경찰의 추격을 받아 한 농가로 뛰어든 그는 이렇게 외쳤다. "나는 델린저다. 나는 너희를 해칠 생각이 없다. 하지만 내 이름은 똑똑히 기억해두기 바란다. 나는 델린저다." 이쯤 되면 정신 나간 인정욕구다.

인정욕구를 바람직하게 드러낸 사람도 많다. 가난 때문에 정규교육을 제대로 받지 못하고 식료품 가게의 점원으로 일해야 했던 자신을 분발시켜, 전에 50센트를 주고 산 몇 권의 법률 책을 다시 꺼내 공부하도록 한 것은 바로 자신의 중요성을 인정받고자 한 자각이었다. 그 점원은 훗날 미국의 대통령이 되었다. 그가 바로 링컨이다. 록펠러는 중국의 가난한 사람을 위해 베이징에 현대식 병원을 지을 수 있도록 기부금을 내놓았다.

사람은 누구나 자기의 중요성을 인정받고 싶어 한다. 그러나 그 욕구를 만족시키는 방법에서는 얼마든지 다를 수 있다. 당신은 어떤 식으로 인정받기를 원하는가. 진정 인정받고 싶다면 삶으로 명작을 남겨라.

12
베델: 양심을 거스르지 마라. 진실이 이긴다

한국인이 아니면서 한국인보다 더 한국을 사랑한 사람들이 있다. 그 가운데 어니스트 베델(Ernest Thomas Bethel)이 있다. 한국 이름은 배설(裵說)이다. EBS의 <가슴 벅찬 우리 역사 캠페인>에도 소개된 인물이다.

1872년 영국 브리스틀에서 태어난 그는 16살부터 32살까지 16년간 일본에서 살면서 무역업에 종사했다. 1904년 3월 10일 러일전쟁이 터지자 런던 데일리 크로니클(The Daily Chronicle) 특파원으로 대한제국에 파견되었다. 그가 보낸 첫 원고는 '일제의 화재로 타버린 경운궁 화재' 사건이었다. 러일전쟁을 취재하러 왔지만 일본에 우호적인 기사를 쓰라는 본사의 편집방침 때문에 그는 양심상 단 한 줄의 기사도 쓸 수 없었다. 결국 사의를 표했고, 해고되었다.

그는 한국의 실상을 알리기 위해 1904년 7월 『대한매일신보』를 창간했다. 영문판 코리아 데일리 뉴스도 발행했다. 일본의 사전 검열을 피하기 위해 베델 이름으로 신문을 발행했다. 치외법권의 보호를 받던 대한매일신보에 양기탁, 박은식, 신채호 등이 모여들어 일본을 통렬히 비판하는 글을 썼다. 대한매일신보는 한마디로 억압받던 조선인의 목소리를 대변하는 신문이었다.

이 신문은 1910년까지 여섯 해 동안 일본에 침략당하는 조선의 실상을 알리고 을사조약 무효를 주장했다. 명성황후 시해사건, 항일무장 투쟁, 헤이그특사 파견 등을 보도하고 국채보상운동을 전개했다. 이로 인해 조선총독부 초대통감 이토 히로부미는 이 신문을 총알보다 더 무섭다 했다.

일본의 만행이 세계에 알려지는 것이 두려운 일본은 그를 조선에서 추방하려 했다. 그러나 다른 신문들이 들고 일어나 실패했다. 일본 통감부는 당시 동맹국이었던 영국에 압력을 가해 영사재판을 두 번이나 받게 했다. 그는 결국 서울의 영국 총사령관에 설치된 법정에 섰다. 영국인 본(F. S. A. Bourne) 판사는 그에게 3주간의 금고에, 만기 후 6개월간 선행 보증금으로 피고인 1,000달러, 보증인 1,000달러를 즉시 납부하라는 판결을 내렸다. 그는 상하이에 호송되어 3주간 금고 생활을 마치고 1908년 7월 서울로 다시 돌아왔다.

일본은 대한매일신보 총무 양기탁을 국채보상금을 횡령했다는 죄명을 씌워 탄압하려 했지만 양기탁의 무죄가 선언되자 실패로 돌아갔다. 그러나 계속 압력을 가해 두 사람 모두 대한매일신보에서 물러나게 했다.

베델은 재판 스트레스가 겹쳐 건강이 나빠졌고, 1909년 5월 1일 심장병을 얻어 37세의 나이에 한국에서 생을 마감했다. 화병이 날만도 하다. 그는 죽으면서 양기탁의 손을 잡고 유언을 남겼다. "나는 죽을지라도 대한매일신보는 영생케 하여 한국 동포를 구하시오." 많은 조선인들이 그의 장례식에 참석했다. 지금 그는 양화진 외국인 묘지에 안장되어 있다. 그는 비록 한국에서 5년밖에 살지 못했지만 한국의 영원한 친구로 남아 있다. 그는 한국 커뮤니케이션 역사에 빛날 리더 중의 리더이다.

13
탐욕: 인간의 끝없는 탐욕은 우리 모두를 죽인다

프롬에 따르면 프로테스탄트 정신의 목표는 인간정신의 해방에 있다. 행위와 제도를 통해 죄와 악습을 제거한다. 이 해방사에 자본주의가 자리하고 있다. 봉건제도나 공산주의에선 이익의 추구를 부정한다. 교환을 통해 생계 또는 기아의 수준을 조절할 정도다. 그런데 프로테스탄트 정신은 종교적 원리로 자본주의의 이윤추구 행위를 긍정했다. 일하고자 하는 욕구, 절약, 개인의 목적 달성을 위한 헌신적 노력, 금욕주의, 의무감 등을 종교적 원리로 강화시켜 자본주의로 하여금 그 목적을 달성할 수 있도록 한 것이다. 이로써 개인도 경제적인 부를 축적할 수 있게 되었다. 개인은 근면, 지식, 용기, 절약, 신의 은총으로 반응한다.

막스 베버는 영리추구 행위를 에토스(ethos), 곧 직업윤리화했다. 정당한 수단에 의한 영리는 그 자체가 윤리적 의무와 같다는 말이다. 그의 직업윤리는 크게 심정윤리와 책임윤리로 구분된다.

심정윤리는 루터의 사상과 연결된다. 그에 따르면 직업은 소명으로 천직이다. 신이 부여한 것이므로 무조건 복종해야 한다. 의무가 강조되고 있다. 그런데 루터는 주어진 직업과 신분에 머물러 있어야 하며 이를 어겨서는 안 된다고 했다. 직업 이동이 어렵다. 농부는 농부로서 주어진 일에 묵묵히 매진할 뿐이다. 그러나 '의인은 믿음으로 말미암아 살리라'는 말씀에 따라 구원은 믿음에 의해 좌우된다. 순수한 의지나 심정유무가 선악의 기준이 된다.

책임윤리는 '하나님의 영광을 위하여'라는 칼뱅의 사상과 직결된다. 직업은 소명으로 이에 전력해야 한다. 신자는 자기가 선택받았다는 확신 있는 믿음을 가지고 직업에 임한다. 각자는 구원의 확실성, 곧 유효한 소명과 유효한 신앙을 뒷받침하기 위해 자기 직업에 충실할 책임이 있다. 소명에 따라 직업에 이동이 있을 수 있다. 직업에 충실한 결과는 효과로 나타난다. 이윤이나 재화의 축적은 그 결과이자 은총이다. 그러나 인간은 재화의 관리자에 불과하므로 그것을 자신의 쾌락을 위해 사용해서는 안 된다. 신자는 구체적 목표를 위해 행동해야 하며, 그 행위의 결과나 효과에 따라 선악의 기준이 달라진다.

루터와 칼뱅은 직업에 대한 소명의식과 금욕주의적 직업윤리를 강조하였다. 이것이 자본주의 정신의 근간이 되었다. 이 윤리에 따르면 개인은 일정한 직업을 천직으로 여기고 개인의 쾌락과 영예를 희생시키면서 엄격한 규율과 조직 밑에서 자기 직책에 헌신적으로 노력한다. 인격은 자기 일에 충실히 하는 것이다. 전문인은 전문적으로 어떤 일에 전념함으로써 직업도 살리고 자기도 살린다. 직업적 노동을 신의 도구로 사용하며 자신의 생활을 끊임없이 반성한다.

그러나 시간이 가면서 자본주의는 문제가 되었다. 그 정신을 상실한 것이다. 마르크스에 따르면 자본주의는 행복의 축적이 아니라 불행의 축적이다. 인간의 노동은 상품화됨으로써 노동으로부터 스스로 소외된다. 상품화에 열을 올린 것이다. 니체가 신은 죽었다고 선언하면서부터 한때 사신신학이 범람했다. 인간들이 '이젠 하나님이 필요 없다' 외친 것이다. 인간은 그만큼 신으로부터 멀어졌다. 그런데 소외와 자기 분열은 결국 인간 스스로 '나는 죽었다' 선언하게 만들었다. 그래서 모두 행복하지 않다.

신도 죽고 인간도 죽은 이유가 무엇일까? 그것은 신이 인간을 창조할 때부터 있었던 존재이유를 상실했기 때문이다. 자본주의는 말한다. "내가 신이나 인간을 죽인 것이 아니라 인간의 끝없는 탐욕이 모두를 죽였다." 그래서 우리에겐 지금 두 가지 운동이 필요하다. 하나는 우리 안에 잃어버린 하나님을 회복하는 운동이며, 다른 하나는 인간성을 회복하는 운동이다. 이 운동이 제대로 활

성화된다면 하나님도 살고, 우리도 살고, 자연도 산다. 이젠 우리 모두를 살리는 일에 앞장설 일이다. 나만 살려 하면 모두 죽는다.

14
결단력: 지도자가 자기 몫을 버릴 때 전체가 살아난다

결단력 있는 리더가 되기란 쉽지 않다. 그런데 그런 지도자가 되려면 이런 점에서 특이성을 보이라 한다. 결단력 있는 지도자가 되기 위한 수칙이다.

첫째, 신념을 확고히 하라. 역사를 바꾼 개혁의 방정식은 신념, 비전, 동참, 실천 모두를 곱한 것이다. 비전과 마스터플랜으로 신념을 구체화하라.

둘째, 때를 놓치지 마라. 결단력 있는 지도자는 대중적 인기에 영합하지 않는다. 대승적 결단과 과감한 행동력에서 진정한 지도력이 나온다. 정책을 적시에 수립하고 타이밍에 맞춰 집행한다. 결코 실기하지 않는다.

셋째, 초기 주도권을 잡는다. 기득권층의 초기 저항을 극복하지 못하면 실패한 지도자가 된다. 결정된 사항을 신속히 추진함으로써 초기 주도권을 장악한다.

넷째, 나를 버린다. 지도자가 자기 몫을 버릴 때 전체가 살아난다. 지도자가 자리에 연연하여 권한확대와 기득권 보호에 힘을 쏟을 때 조직은 소집단으로 갈라져 분열하고 결국 파국을 맞게 된다. 구성원들이 미래를 바라보고 활기차게 일하는 것은 지도층이 자기 몫 챙기기에 앞서 전체의 이익을 우선할 때 가능하다.

다섯째, 반대자를 포용하라. 반대세력을 포용해서 지지 세력으로 전환한다. 개혁의 성공은 지도자의 정치적 능력에 좌우된다. 반대세력도 비전을 공감하도록 집요하게 설득하라.

여섯째, 핵심과제에 집중하라. 상황 해결에 필요한 최적의 방법을 선택하고 집중하라. 핵심과제에 집중적으로 도전하면 주변과제는 부수적으로 해결된다.

끝으로, 현장을 통해서 일하라. 측근의 스태프조직보다 현장의 라인조직을 우선하라. 스태프조직을 우선하면 인의 장막이 형성되고 집단사고를 초래해 그릇된 의사결정을 하기 쉽다. 지도자와 현장을 잇는 다양한 의사소통 채널을 구축하라. 상황의 흐름을 정확히 파악하고 대국관을 공유하라.

15
워렌 베니스: 1인자 뒤엔 위대한 2인자들이 있다

데이빗 히넌과 워렌 베니스가 쓴 책으로 『위대한 2인자들』이 있다. 1등만을 추구하는, 그래서 모든 영광은 오직 한 사람만 차지하는 오늘날의 문화에서 2인자론은 매우 의미 있는 글이 아닐 수 없다.

이 책에서 빌 게이츠를 충실히 보좌했던 스티브 발머, 마오쩌둥을 위해 미련 없이 주연 자리를 내준 저우언라이, 명석하지만 말도 많고 탈도 많았던 빌 클린턴 대통령 곁을 충실히 지켰던 부통령 엘 고어 등이 위대한 2인자 반열에 올랐다.

일인자 뒤에는 성공을 이루기 위해 열심히 땀 흘린 더 많은 사람들이 있다. 사회를 지탱하는 힘은 바로 그런 사람들에게서 나온다. 이 엄연하고도 당연한 사실을 알면서도 우리는 그 사람들을 쉽게 잊는다.

2인자들이 재능이 부족해서 2인자가 된 것이 아니다. 자발적이고 전문적이며 능력 면에서 오히려 일인자를 능가했던 사람도 많다. 주목받지 못하면서도 일인자들의 곁을 꿋꿋이 지킨 2인자들의 협력정신이 없었다면 역사는 다시 쓰였을지도 모른다. 최고의 고지에 오르기 위해 온갖 모략과 간계가 판치는 세상에서 이런 것과는 거리를 두고 훌륭하게 협력해온 2인자들을 다시 볼 필요가 있다.

성경에도 위대한 2인자들이 있다. 아브라함의 종 엘리에셀, 바울을 세우고 오히려 그를 위해 협력한 바나바 등이 그들이다. 이 외에도 아름다운 2인자들의 섬김과 협력이 성경에서 빛을 발하고 있다.

진정한 리더는 누구일까? 스타들 뒤에서 보이지 않게 협력하며 섬김의 리더십을 발휘한 2인자들이다. 그들이라고 왜 욕심이 없겠는가. 그러나 그것까지 누른 이인자들이기에 세상은 아름답다. 2인자, 당신에게 오늘 존경의 박수를 보낸다.

제7부 국민의 마음에 꿈이 있어야 나라가 산다

01
서울: 한국인의 고향이다

서울, 한성, 한양 모두 같다. 그럼 서울대학, 한성대학, 한양대학은 같은 대학이다? 아니다. 이상하다. 같은 지명인데.

『삼국사기』와 『삼국유사』에 서벌(徐伐), 서나벌(徐那伐), 서라벌(徐羅伐), 서야벌(徐耶伐)이 나온다. 신라 초기 도읍지의 지명이자 국명이기도 하다. 이것이 서울과 깊게 연관된다 한다. 하지만 중국의 사서에 등장하는 사로(斯盧), 사라(斯羅), 신로(新盧)라는 명칭도 서울과 같은 음훈이고, 백제의 도읍 소부리(所夫里)도 그렇다 하니 서울만 서울이 아닌가 보다.

서울의 유래도 한두 가지가 아니다. 가장 많이 언급되는 부분이 신라 서벌(徐伐)론이다. 신라의 수도 서라벌이 '셔블'로 불리고, 한자로 '서벌'이라 했다가 '서울'이 되었다는 것이다. '서'는 높고 신령하다는 우리말 '수리', '솔', '솟'에서 나왔고, '벌'은 들판을 의미한다고도 한다. '높고 신령한 들판'이니 수도답다.

그다음, 무학대사와 연관된 눈 설이다. 그가 도읍을 정하러 다닐 때가 겨울이었는데 다른 곳은 눈이 쌓였는데 유독 남경만이 볕에 눈이 녹아 마치 눈으로 울타리가 처져 있는 것처럼 보여 서울이란 단어가 탄생했다는 것이다. 서울은 눈 설(雪)과 울타리의 줄임말이라는 주장이다. 남경이 서울로 변한 이유라는데 주장이 그럴듯하다. 하지만 "과연 그럴까?" 하는 의심을 풀 수 없다.

그다음, 학설이라 할 것은 없지만 한이 서린 서울론이다. 1884년 갑신정변이 일어나고, 1910년 일본에 나라를 빼앗긴 다음 "서러워 울고 있는 도시라 서울이라 했다"는 것이다. 설치곤 황당하다. 하지만 듣고 보니 마음이 아프다.

끝으로, 1899년 경인선 개통과 함께 문을 연 서울역의 이름에서 그 유래를 찾기도 한다. 하지만 처음엔 경성역으로 출발했다가 남대문역으로 바뀌고, 그다음 경성역이 되었으니 이 설은 사실에서 멀다. 불합격 통지를 해야 할 것 같다.

그럼 서울이란 명칭은 언제부터 사용했을까? 그것은 1946년이다. 정부가 광복 1주년을 맞아 일제 때 사용한 경성부를 서울시로 공포하면서부터다. 서라벌, 한양, 한성, 경성이라 하다 서울로 공식화된 것이다. 그런데 88서울올림픽 때 올림픽 관계자가 자꾸 '세울'이라 해서 귀에 거슬렸다. 알고 보니 스페인어로 서울이 Seúl이란다. 누가 뭐라든지 서울은 우리에게 아름답고, 정겹고, 정말 잊지 못할 도시다. 수울(首尔), 세울, 서울 코리아다. 한국인의 고향이다.

한 의사소통 채널을 구축하라. 상황의 흐름을 정확히 파악하고 대국관을 공유하라.

02
경기도: 우리는 왕궁 중심에서 벗어나지 못했다

경상도는 경주와 상주, 전라도는 전주와 나주, 충청도는 충주와 청주, 평안도는 평주(평양)와 안주, 황해도는 황주와 해주가 합한 데서 나온 것이다. 주요 도시 중 둘을 합한 것이다. 지금이라면 또 달라졌을 것이다. 그럼 경기도는 왜 경기도일까? 도시 중심이 아니기 때문이다.

경기라는 말은 당나라 시대에 왕도의 주변 지역을 경현(京縣 또는 적현)과 기현으로 나누어 통치한 데서 그 유래를 찾을 수 있다. 고려 성종 14년(995) 개경주변에 6개의 적현(赤縣)과 7개의 기현(畿縣)이 설치되었는데 고려 현종 9년(1018)에 이들 적현과 기현을 묶어 왕도의 외곽지역을 정식으로 경기(京畿)라 부르기 시작하였다. 원래 경(京)은 천자가 도읍한 경사(京師)를, 기(畿)는 천자의 거주지인 왕성을 중심으로 사방 5백 리 이내의 땅을 의미한다. 조선시대에 와선 개경 중심이 서울 중심으로 바뀌었다. 역시 왕궁 중심이다.

그러면 지금은 달라졌을까? 아니다. 한국의 인구는 서울과 경기도에 집중되어 있다. 서울을 벗어나면 시골이라 말한다. 왕은 없지만 서울 중심이다. 언제 우리는 서울 중심의 사고에서 벗어날 수 있을까.

03
연호: 그 속에는 통치이념이 담겨 있다

내가 초등학교를 다녔을 땐 연호로 단기를 사용했다. 단기 4천 몇 년, 그래서 우리나라의 나이가 얼마인 것을 알았다. 1948년 8월 대한민국 정부 수립과 함께 단기를 공용연호로 택했기 때문이다. 그런데 1961년 12월 정부가 연호에 관한 법률을 수정 공포하고 다음 해 1월부터 단기를 버리고 서기를 사용했다. 그땐 조금 혼란스러웠는데, 지금은 단기가 어디에 있는지도 모를 정도다. 개천절이 되면 한 번 등장했다 사라진다.

군주국가에선 자신의 통치 연차를 표시하는 연호를 사용했다. 중국의 한 무제가 사용한 건원(建元)이 기록상 최초라 한다. B.C. 140년의 일이다. 그래서 연호는 중국에서 시작되었다고들 한다.

우리의 경우 광개토대왕비에 기록된 영락(永樂)이 있다. 역시 대왕답다. 대조영은 발해를 세우고 천통(天統)이라는 연호를 사용했고, 왕건은 고려를 세우면서 천수(天授)라는 연호를 사용했다. 조선의 마지막 연호는 순조가 사용한 융희(隆熙)다.

일제 강점기에는 메이지(明治), 다이쇼(大正)와 쇼와(昭和) 등 일본 연호가 사용되었다. 1945년 미 군정이 시작되면서 서기가 도입되었다. 우리는 지금 국제관례에 따라 서기를 사용하고 있고, 북한에서는 주체를 사용한다.

연호는 원래 군주의 치세(治世)에 붙이는 칭호이다. 왕이 없고, 국민이 주인인 나라에선 굳이 연호를 내세울 필요는 없다. 그만큼 연호로부터 자유로워진 것이다.

그렇다고 연호가 아주 없어진 것은 아니다. 정부는 정부수립 몇 주년 하면서 연호 아닌 연호를 사용하고 있다. 누가 죽으면 사후 몇 년 또는 그의 탄생 몇 주년 하면서 그를 기린다. 개인도 예외가 아니다. 생일을 꼭꼭 챙긴다. 생일이 바로 나의 몇 년이기 때문이다. 이 모두는 내가 나의 주인이라는 것을 말하고 싶은 것이리라.

　군주들이 사용한 연호를 들여다보면 그 속에는 나라를 어떤 뜻으로 다스리겠다는 뜻이 담겨 있다. 이때 자못 궁금해진다. 당신이라면 지금 무슨 연호를 사용하겠는가?

04
조와 종: 죽은 뒤 평가가 달라진다

조선시대 왕이 죽고 나면 종묘에서 부르는 묘호(廟號)로 그의 일생이 평가된다. 묘호 뒤에 어떤 왕에겐 조(祖)가, 어떤 왕에겐 종(宗)이 붙여진다. 어떤 왕은 왜 조이고, 어떤 왕은 왜 종일까? 다 좋은 말이지만 일반적으로 『예기』에 "공(功)이 있는 자는 조가 되고, 덕(德)이 있는 자는 종이 된다"는 말을 원칙으로 삼아 공이 탁월한 왕에게 조를 붙이고, 덕이 높은 왕에게는 종을 붙였다고 한다. 나라를 세웠거나 변란에서 백성을 구한 왕, 또는 피바람을 일으킨 왕들에게 조가 붙여진다. 태조, 세조, 선조, 영조, 정조, 인조 등이 있다. 선대를 이어 덕으로 나라를 다스리며 문물을 융성하게 한 왕에겐 종이 붙여진다. 세종, 성종, 명종 등이 있다.

그러나 사람 보기에 이 기준도 애매했던 것 같다. 선조의 경우 처음엔 선종이었다가 후에 선조로 바뀌었다. 그의 덕이 공보다 높다 해서 선종이라 했는데 허균과 이이첨이 국난(임진왜란) 극복의 공을 강조하면서 선조가 된 것이다. 이를 보면 종보다 조를 더 친 것을 알 수 있다. 영조, 정조도 영종, 정종이었다가 후에 영조, 정조로 바뀌었다. 조선 후기엔 이 기준도 허물어졌다 한다. 정치적 목적에 따라 호칭이 달라진 것이다.

구약을 보면 이스라엘 왕들에 대한 평가가 두 마디로 좁혀진다. 하나는 '하나님 보시기에 선하였더라'이고, 다른 하나는 '하나님 보시기에 악하였더라'이다. 선과 악으로 구분되지만 그 기준은 하나님 보시기에 달려 있다. 여기엔 사람의 생각이 개입될 여지가 없다. 고칠 수도 없다. 우리 모두 죽은 후 평가는 따르기 마련일 터. 이 땅에서 아름답게 살아야 할 이유가 보인다.

05
명당: 임금이 바른 정치로 천하를 밝히는 대청마루다

"좌청룡, 우백호, 야, 명당이다. 명당." "아, 안온하다. 여기가 진짜 명당자리
구먼." 흔히 듣는 말이다. 풍수지리에서 명당은 빼놓을 수 없는 우위를 차지한
다. 묘 터나 집터를 잘 잡으면 집안이 잘되고 후손에게도 복이 넘친다니 어찌
무시할 수 있겠는가.

서양 사람들은 명당을 찾지 않는다. 자연을 객관적인 연구 및 정복 대상으로
삼아왔기 때문이다. 그저 절경이라는 말만 한다. 이에 반해 동양 사람들은 명당
을 구한다. 왜 그럴까? 학자들은 동양인이 자연을 불가침의 존재, 우리가 터득
하고 복종해야 할 대상으로 보기 때문이라 한다. 이런 사고에서 발생한 것이
팔자(八字)와 풍수(風水)다. 비과학적인 것이라는 것을 알면서도 무시하지 못하
는 것을 보면 문화의 영향이 얼마나 큰가를 보여준다.

그런데 명당(明堂)이라는 단어는 원래 풍수와는 아무 상관이 없는 단어라는
사실을 아는가? 이 단어는 글자 그대로 '밝게 비추는 마루', 곧 임금이 바른 정
치를 함으로써 천하를 밝히는 대청마루이다. 이런 명당이라면 많을수록 좋겠다.

그런데 그것이 어느 순간 묘 터나 집터로 바뀌면서 인간의 욕심이 드러났다.
특히 동양의 지배자들은 명당을 호화롭게 짓느라 민폐가 이루 말할 수 없었다.
위세를 드러내고 싶을수록 크기가 더했다. 그래서 중국 사람들은 명당이라면
도리어 고개를 설레설레 흔든다. "명당은 무슨 놈의 명당!" 명당에 대해 아주
냉소적이다.

"선생님, 명당을 믿으세요?"

"어떤 세상인데요. 전 명당 같은 것 안 믿습니다."

"그럼, 집을 고를 때 어떤 집을 선호하세요?"

"그야, 남향집이지요. 볕이 잘 들어 밝고 따뜻하니 얼마나 좋습니까!"

"그래요? 그것도 바로 명당과 관련이 있답니다."

"그래요?"

풍수를 무시하고도 부귀영화를 누린 사람도 많고, 풍수를 믿고서도 가문이 풍비박산된 경우도 많다. 믿고 안 믿고는 마음의 문제이다. 사람이 잘살고 못살고는 풍수에 달려 있는 것이 아니다. 명당이 따로 있나? 서로 사랑하고, 서로 위하며 살면 그곳이 최고지. 천국에 가서도 명당 따질까 두렵다.

06
나라: 국민의 마음에 꿈이 있어야 나라가 산다

오늘날 세계에는 220여 개의 국가가 있다. 그 가운데 우리나라가 있다. 나라는 어디에서 나온 말일까? 한 한글학자는 이 말은 '나'에서 나온 것이라 했다. 나 없이 나라 없고, 나라 없이 나도 없다. 나와 나라는 그만큼 한 몸이라는 말이다.

나라의 동의어가 국가다. 그런데 국가에 대한 생각은 갈래가 많다. 우선 국가는 국민이 주권을 가지고 거주하는 일정한 영토나 그것들의 총체다. 마키아벨리는 군주론에서 국가라는 단어를 학문에 도입했고, 토지, 인간, 지배력을 국가 3요소로 보았다. 국민, 영토, 주권은 이 개념을 계승한 것이다. "나라는 백성이 근본이다." 나라를 이루는 가장 중요한 요소는 국민이라는 말이다. 국가는 조직된 정치 형태, 즉 정부를 가지고 있으며 대내외적으로 자주권을 행사한다. 그러나 이 요건만으로 국가라 하긴 어렵다는 주장도 있다.

베버는 국가에 '합법적'이라는 토를 달았다. 그에 따르면 국가는 일정 영토 내에서 물리력을 합법적으로 사용하는 데 성공한 인간의 무리다. 성공하지 못하면 불법의 무리가 된다. 마르크스에게 있어서 국가 이미지는 아주 부정적이다. 국가란 부르주아 자본가의 이익을 대변하는 집행위원회이고 지배계급의 지배도구에 불과하다고 보기 때문이다. 그의 논리에 따르면 공산국가에는 국가가 없어야 하는데 그렇지 않다.

역사적으로 많은 국가들이 태어나고 없어졌다. 그럼에도 불구하고 아직까지 국가의 개념은 확립되어 있지 않고, 무엇을 국가로 간주할지 통일된 의견도 없다. 그런 가운데 선진국들이 복지국가를 자처하다 무너지고 있다. 복지로도 나라를 구하지 못한다는 말이다.

국가에서 지도자는 매우 중요한 위치를 차지하고 있다. 그 사람 손에 나라의 미래가 걸려 있기 때문이다. 그 한 사람이 국민과 국가를 흥하게도 하고 망하게도 한다. 한 사람에게 너무 기대를 건 것은 아닌가 싶다.

"나라가 어지러우면 충신이 난다"는 말도 있다. 나라가 어지러워 반역의 무리가 날뛸 때에는 그를 반대하여 싸우는 충신이 나오게 된다는 것이다. 어려운 때일수록 훌륭한 사람이 나게 마련이라는 것인데 그런 사람이 보이지 않아선지 불안감이 커간다.

보이는 국가가 희망을 주지 못하면 백성들은 보이지 않는 나라에 희망을 건다. 다음은 <나는 행복의 나라로 갈 테야>이다.

　　　　장막을 걷어라
　　　　너의 좁은 눈으로 이 세상을 떠보자
　　　　창문을 열어라
　　　　춤추는 산들바람을 한 번 또 느껴보자
　　　　가벼운 풀밭 위로 나를 걷게 해주세
　　　　봄과 새들의 노래 듣고 싶소
　　　　울고 웃고 싶소 내 마음을 만져주
　　　　나는 행복의 나라로 갈 테야

　　　　접어드는 초저녁
　　　　누워 공상에 들어 생각에도 취했소
　　　　벽에 작은 창가로
　　　　흘러드는 산뜻한 노는 아이들 소리
　　　　아 나는 살겠소 태양만 비친다면
　　　　밤과 하늘 바람 안에서
　　　　비와 천둥의 소리 이겨 춤을 추겠네
　　　　나도 행복의 나라로 갈 테야

나라가 편해야 백성이 편하다. 국민의 마음에 꿈이 있어야 나라가 산다. 이 단순한 진리를 왜 정치가들만 모를까. 백성들의 마음이 저 먼 나라로 떠나기 전에 붙잡아야 한다. 국민에게 꿈을 심어줘라.

07
홍대용: 조선이 중심국가가 되지 말라는 법은 없다

조선시대 실학자이자 과학자 홍대용은 '지구가 둥글다'고 주장한 조선의 갈릴레이다. 그는 혼천의와 혼천시계를 보며 과학 조선의 꿈을 꾼 시대의 인물이었다. 또한 그 시대에 망원경을 들고 조선의 하늘을 바라본 천문과학자였다. 그는 나라의 경제와 백성의 살림을 위해서는 성리학에만 매달리기보다 실용적인 과학과 기술을 열심히 공부해야 한다고 주장했다.

물론 그도 주자학을 배우고 여러 번 과거에 응시해 낙방하기도 했다. 낙방으로 비록 중앙정계에 진출할 수는 없었지만 그것이 그에게 장애가 되지는 않았다. 그럴수록 더 열심히 공부해 학문적 소양을 쌓았다. 그는 중국에 갈 꿈을 가지고, 열심히 중국어를 공부했다.

그 꿈이 1765년에 이루어졌다. 작은 아버지 홍억이 서장관(외교문서기록관)으로 청나라에 가게 되었을 때 자제(子弟)군관으로 따라갈 수 있었기 때문이다. 60여 일(30여 일이라는 주장도 있다)을 베이징에 머물며 청나라 학자들을 만나 대화했다. 그는 역관을 세워 대화하기보다 그가 평소 익힌 중국어로 소통했다. 물론 어려움은 있었지만 이를 계기로 중국어를 더 잘할 수 있게 되었다고 고백했다. 나아가 그는 폰 할러슈타인과 고가이슬 등 독일 선교사들을 만나 서양 문물을 익혔다. 과학에 대한 지식과 경험을 넓힌 것은 물론 자신의 소신을 더 강화하는 계기가 되었다. 그의 중국 경험은 교우였던 박지원 · 이덕무 · 박제가 등에게 영향을 주어 북학파를 형성하는 데 기여했다.

그는 조선에 돌아와 『의산문답』이라는 책을 썼다. 그는 이 책을 통해 우주는 무한하고, 지구는 둥글며, 스스로 회전한다고 주장했다. 나아가 우주의 중심이 따로 없기 때문에 중국이 세계의 중심이라 할 수 없으며, 조선이 중심국가가 되지 말라는 법도 없다 했다. 지금 생각해도 놀라운 주장이 아닐 수 없다.

그의 이름은 국립과천과학관에 있는 과학기술인 명예의 전당에도 당당히 올라 있다. 어찌 그뿐이랴. 한국천문연구원은 보현산 천문대에서 처음 발견한 화성과 목성 사이의 소행성의 이름을 홍대용이라 했고, 그 이름이 국제천문연맹으로부터 인정을 받았다. 그는 지금 별이 되었다. 그의 과학정신이 지금도 빛을 발하고 있다. 지금 우리에게도 홍대용과 같은 인물이 필요하다.

08
가난과 굶주림: 배고픈 사람에겐 기도보다 빵이 필요하다

박경희가 쓴 『사랑의 빵 속에 담긴 작은 행복이야기』에는 오랫동안 월드비전 친선대사 일을 해오면서 '사랑의 빵'을 나눠온 탤런트 김혜자의 현장체험이 그대로 녹아 있다. 그는 북한, 아프가니스탄, 인도, 방글라데시, 에티오피아 등을 방문했고, 특히 굶주림으로 고통받는 어린이들에 대한 아픔을 알렸다. 국수마저도 배불리 먹을 수 없는 북한의 아이들, 너무 배가 고파 야생독풀을 먹는 아프가니스탄의 아이들, 부모가 지은 빚 50달러를 갚기 위해 평생 노예생활을 하고 있는 인도의 어린이, 그리고 배고파 죽어가는 수많은 아프리카 아이들을 보며 그는 울었다. 이 땅엔 생각보다 굶주림으로 어려운 이웃이 많다.

그들에게 필요한 것은 사랑이요 나눔이다. 그래서 그는 도움을 요청한다. 사실 무관심하게 살아온 우리들 아닌가. 그러면 우린 곧잘 말하곤 한다. "그들을 위해 꼭 기도해줄게요." 김혜자는 이 부분에서 언성을 높인다. "말만 하는 사람은 되지 말아야지요. 그들에게 필요한 것은 빵입니다." 기도도 좋지만 지금 절실한 것은 사랑의 실천이라는 말이다. 이 말을 듣는 순간 부끄러워진다. "만일 형제나 자매가 헐벗고 일용할 양식이 없는데 너희 중에 누구든지 그에게 이르되 평안히 가라, 덥게 하라, 배부르게 하라 하며 그 몸에 쓸 것을 주지 아니하면 무슨 유익이 있으리요(야고보서 2:15)."

이런 글을 읽다 보면 가끔 화가 난다. 간디는 가난을 가리켜 '최악의 폭력'이라 했다. 지도자가 백성을 진정 사랑한다면 가난이 있을 수 없기 때문이다. 그럴 수밖에 없는 요인도 있겠지만 중요한 것은 정치다. 정치를 잘하면 가난문제도 어느 정도 해결될 수 있다. 이런 의미에서 백성은 늘 지배자가 아니라 지도자를 원한 것 아니겠는가.

그러나 이제 와서 그 나라 정치 탓만을 할 수 없다. 도움이 필요한 곳에 손을 내밀어야 하기 때문이다. 종종 나 한 사람이 무슨 도움이 되겠느냐 생각하기도 한다. 이럴 땐 마더 테레사의 말을 기억할 필요가 있다. "이웃을 위한 선한 일이 가끔은 넓은 바다의 물 한 방울처럼 하찮게 여겨질 때가 있다. 하지만 바닷물도 하나의 물방울에서 시작된다는 것을 잊어서는 안 된다." 가난과 굶주림이 있는 한 세상은 늘 사랑이 필요하다.

이 책에는 남의 아픔을 내 아픔으로 아는 사람들, 겉으로 드러내놓지 않고 묵묵히 선행을 베푸는 사람들의 모습이 요모조모 소개되어 있다. 마로니에 공원에서 오뎅이나 떡볶이 등을 파는 아주머니, 폐휴지를 모아 파는 할머니, 그리고 죽을 때까지 청빈하게 살아온 한경직 목사 등. 이런 사람들이 있어 이 세상은 아직 살 만하다. "내 형제들아 만일 사람이 믿음이 있노라 하고 행함이 없으면 무슨 유익이 있으리요 그 믿음이 능히 자기를 구원하겠느냐(야고보서 2:14)." 오늘따라 이 말씀이 깊게 파고든다.

09
이밥: 가난을 구제하라

경제가 잘되기를 바라는 것은 모두의 소망이다. 경제가 잘못되면 정치도 혼들린다. 며칠 전 역사공부를 하면서 '이밥'에 대한 유래를 알게 되었다.

"이밥에 소고깃국으로 배불리 해주겠다." 누가 한 말인가는 잘 알 것이다. 이밥은 쌀밥의 함경도 사투리다. 그 속에 조선 역사가 숨어 있다. 이성계가 위화도 회군을 한 뒤 조선시대를 열면서 급박하게 공포한 것이 바로 1391년의 과전제라는 토지개혁이다. 대부분의 토지가 권문세가에 속한 것을 가난한 백성들에게 돌려준 것이다. 그 후 쌀밥을 배불리 먹게 된 농민들은 말했다.

"이성계 때문에 밥을 잘 먹게 되었다."

그래서 이밥이란 말이 생겼다는 것이다.

'이밥에 소고깃국', 백성은 언제나 배부르고 등 따신 것을 좋아한다. 매슬로는 욕구 5단계에서 의식주를 가장 기초적인 단계로 보았다. 가난을 구제하라. 그것을 정치가에게만 맡길 순 없다. 우리 모두가 나서야 할 일이다.

10
수혜효과: 주기는 쉬워도 뺏기는 어렵다

"코끼리가 단 위에 올라간다. 비스킷이 단 위에 놓여 있기 때문이다." 이 말은 먹이가 있는 곳에 관심이 가게 되어 있다는 명구다. 동물에겐 먹이가 중요하다. 다른 것이 보이지 않는다. 사람은 동물과 다를까? 결코 다르지 않다. 오히려 지능적으로 먹이를 찾는다.

만일 코끼리의 비스킷을 뺏으면 어떻게 될까? 십중팔구 코끼리의 공격을 받을 것이다. 그 뒤에 벌어질 난장판은 생각하기조차 싫다. 코끼리만 그럴까? 어린아이에게 과자를 주었다 뺏으면 소리쳐 운다. 내 것을 왜 가져가냐는 것이다. 조금 전까지는 내 것이 아니었지만 내 손에 들어온 이상 그것을 뺏길 수 없다는 말이다. 주기는 쉬워도 뺏기는 어렵다.

어른도 예외가 아니다. 최근 EU 사태를 두고 말이 많다. 그렇다고 그들만 나무랄 일이 아니다. 늘 받아왔던 복지 수당을 뺏거나 앞으로 더 주지 않겠다고 하니 화가 날 따름이다. 정치인들이 표를 의식해 만든 것이므로 처음부터 잘못된 것이라 말해도 막무가내다. 일단 주어진 것은 그것이 비록 잘못된 것이라 할지라도 회수하려 할 경우 뺏기는 것처럼 느낀다. 이것을 수혜 효과(entitlement effect)라 한다. 그래서 일단 내 손에 들어온 것은 내 것이니 더 이상 내놓으란 말 하지 말라 한다. 내놓으라, 못 주겠다 실랑이 하다 보면 삶이 팍팍해질 수밖에 없다. 잘못이 있다면 처음부터 잘못 쥐어준 것이리라.

어른, 아이 할 것 없이 사람은 내 것에 대한 애착이 강하다. 내 것이 될 수 있다면 수단방법을 가리지 않고 집요하게 덤빈다. 사람은 잠시의 불편을 참지 못하고, 눈앞에 보이는 이익을 놓치지 않으며, 어떤 방법을 써서라도 자기 것으로 삼는다. 그리고 내 것이 되면 결코 양보하지 않는다.

종교는 이런 삶의 방식에 옐로카드를 높이 든다. 심한 경우 레드카드로 퇴장을 명령한다. 자기에 대한 관심보다 이웃에 대한 관심을 가지라 한다. 할 수 있다면 잠시 손해 보며 살라 한다. 그런데 세상은 요즘 종교인들이 더 욕심이 많다 한다. 말과 행동이 다른 것이다. 할 말이 없다.

그래도 이웃을 사랑하라는 가르침이 없다면, 제도적으로 욕심을 다스릴 나라가 없다면 이 세상은 온통 잿빛이 되었을 것이다. 우리가 서로 내 것을 내 것이라 하지 않을 때 비로소 이 땅에 천국이 임할 것이다.

11
정치와 법: 바르게 살고, 법을 지키며, 공평을 실현하라

정치학을 공부했을 때 정(政)은 참 좋은 것이라 생각했다. 정치는 원래 바르게 하고 형평을 이루는 정(正)을 뼈대로 삼고 있기 때문이다. 형평(一)이 이루어져 '아, 이거야' 말할 수 있을 만큼 바람직한 상태, 이것이 흔들리지 않고 지속되기를 바라는 상태(정지 상태)가 바로 지(止)다. 바르지 못하면 회초리를 쳐서라도 바르게 한다는 것이 바로 政이다. 그러니 좋지 않을 수 없다. 세상을 바르게 하자. 그땐 꿈도 컸다.

법도 공부를 해봤다. 법학개론에서부터 헌법, 행정법, 상법, 법철학 등. 그런데 법도 형평과 바름을 바탕으로 하고 있었다. 법(法)에서 삼수변은 물을 상징한다. 물은 여러 층으로 이루어져 있으나 형평을 유지한다. 거(去)는 유니콘, 곧 이마에 뿔이 달린 짐승의 뿔을 의미한다. 형평을 유지하지 못하면 받는 뿔이다. 그러니 政이나 法이나 같은 말이다.

경영학을 공부하면서 공정성, 곧 형평성(equity)이 얼마나 중요한지 깨달았다. 임금이나 직무기회에서 공정하지 못하면 사람들은 일할 맛이 나지 않는다. 사기도 잃는다. 그래서 경영자는 늘 공정한 대우, 공정한 기회를 제공하려 한다.

신학에도 공평과 정의가 자리하고 있었다. 신학의 중심은 하나님이시다. 하나님은 사랑의 하나님이시기도 하지만 공평과 정의와 하나님이시다. 하나님은 의를 이루기 위해 예수님을 이 땅에 보내 십자가를 지게 하셨다. 십자가에는 정의와 사랑이 함께 있다.

그런데 지금 사람들은 정치가에게 바름을 기대하지 않는다. 정치를 보는 눈도 달라졌다. 법도 예외가 아니다. 법을 만드는 사람들로부터 시작해 그 질서도 무너졌다고 한다. 노동자들은 "1:99!"를 외치며 분배가 공정하지 못하다고 말한다. 일은 노동자들이 했는데 왜 가난하냐는 것이다. 요즘 종교를 보면 정의와 사랑보다 의식이 더 주인행세를 하고 있다.

　세상이 잘못 가고 있다고 해서 실망할 필요는 없다. 우리가 조금씩 만들어가면 된다. 조금 더 바르게 살고, 법을 지키며, 공평을 실현하면 그만큼 세상은 좋아진다. 그 일은 남으로부터 시작하는 것이 아니고, 바로 나로부터 시작해야 한다. 그간 우리는 그것을 거꾸로 생각하며 살아왔다. 순서가 잘못되었다. '남을 향했던 손끝을 이젠 나에게.' 이렇게 해야 세상이 바로 선다.

12
부르디외: 지배당할 것인가, 아니면 주도적으로 살 것인가

어느 사회나 차별적 과시문화가 존재하지만 한국 사회만큼 그 행동이 빈번히, 그리고 집단적으로 일어나는 곳도 많지 않다. 오래전엔 어떤 안경을 쓰고 무슨 시계를 찼는가가 가진 자의 상징이었다. 그다음에는 아파트와 자동차, 지금은 가방과 성형 그리고 사교육 등이 중요한 장을 형성하면서 그것의 소유 또는 그것에로의 진입 여부가 개인의 사회적 지위를 판가름하고 있다. 그럴 형편이 되지 못한 사람들이 흉내를 내다가 패가망신하는 경우도 발생한다.

왜 그런 문화가 발생할까? 그 대답은 부르디외(P. Bourdieu)의 아비투스(habitus)와 상징권력(symbolic power)에서 찾을 수 있다.

그에 따르면 사람은 아비투스에 따라 행동을 한다. 아비투스는 행위자가 어떤 환경에 오랫동안 놓여 있게 되면서 그로 인해 얻게 된, 다시 말해 체화되고 내면화된 성향·사고·인지·판단·행동의 체계구조를 말한다. 외부세계의 구조가 내면화되어 이것이 개인이나 집단행동에 영향을 준다. 따라서 비슷한 환경에서 살아온 사람들은 집합적으로 유사한 아비투스를 갖게 된다. 아비투스가 행위의 선택에 영향을 주지만 개인이 무조건 이를 따르는 것은 물론 아니다. 그만큼 영향력이 크다는 말이다.

문화의 장(field)을 보면 사회계층의 지배계급은 나름대로 하나의 문화를 형성한다. 그들은 문화적 자본·사회적 자본·상징적 자본(위신, 존경 등)을 가지고 있고, 남다른 취향·취미·감각을 형성해감으로써 같은 계급이나 계층에서의 동질성을 유지하고, 다른 계층이나 계급과는 차별성(distinction)을 유지한다. 일종의 사회적 포지셔닝(social positioning)이다. 차별성과 배타성은 분리 (division)를 낳기 때문에 상징폭력(symbolic violence)이다.

문제는 이것이 피지배계급에서 오인(mis-recognition) 과정을 거친다는 것이다. 오인 과정이란 이 남다른 취향이나 감각을 애써 따를 필요가 없는 데도 그것을 따르지 않으면 사회의 낙오자가 된다고 스스로 잘못 생각하는 것을 말한다. 피지배계급이 자신을 부족하다고 생각하고 돈을 더 벌어서라도 그것들을 구입함으로써 자기의 위상을 단숨에 끌어올리려는 것이다. 명품가방을 매지 않으면 어떤가? 그것이 밥 먹여주는 것도 아닌데. 하지만 일단의 여성들은 식사비를 줄여서라도 그 가방을 산다. 가방을 매고 과시함으로써 자신도 비로소 그 반열에 섰음을 실감한다. '이젠 나도 너와 달라!' 이것이 바로 오인과정이다. 잘못되었다는 말이다. 상징권력은 결국 이런 방식으로 보이지 않게 피지배계층을 지배하고 있다.

부르디외에 따르면 피지배계급은 오늘도 지배계급의 보이지 않는 상징폭력에 시달리고 있다. 이 폭력으로부터 벗어나려면 과시문화의 족쇄를 우리 스스로 과감히 끊어야 한다. 그것들이 없으면 어떤가. 의식을 높여 지배계층의 구별짓기 행동에 더 이상 오인의 메커니즘으로 반응하지 않음으로써 지배계급의 영속화를 막고, 이 폭력으로부터 해방되어야 한다. 이를 위해선 높은 자의식과 시민의식이 필요하다. 계속 지배당할 것인가, 아니면 주도적으로 살 것인가. 삶은 전쟁이다. 의식을 높이지 않으면 패한다.

13
소록도: 작은 사슴은 눈물이 많다

소록도는 작은 사슴을 닮았다 해서 지은 이름이다. 귀엽고 정감이 든다. 그러나 우리나라 사람에게 있어 소록도는 천형의 유배지와 같다. 강제수용소가 있던 곳이기 때문이다. 시베리아보다 더 모진 굴락(gulag)이다.

1915년 총독부는 이곳을 한센 환우촌으로 전용했다. 한센병이 국가의 위상에 손상되고 유전병이라 생각한 총독부가 병의 확산을 막기 위해 전국에 있는 한센 환자를 이곳에 강제 수용한 것이다. 다음 해 자혜의원을 열어 병원 업무도 시작되었다.

섬 안의 화장장 만령당으로 가는 길엔 소나무도 울창하고 백사장이 있어 너무 좋다. 그러나 당시 이곳은 아직 전염되지 않은 미감아들이 부모들과 철조망을 사이에 두고 한 달에 한 번 면회가 허용되었던 눈물의 장소였다. 작은 사슴의 눈에 얼마나 많은 눈물이 고였을까.

집이 그리워 탈출을 시도하다 익사해 죽기도 했다. 잡히면 죽도록 매를 맞았고, 본인의 의사와는 상관없이 불임수술을 받았다. 소록도 원생들은 세 번 죽는다는 말을 했다. 첫 번째는 한센병에 걸리는 것이고, 두 번째는 죽은 후에 시체를 해부당하는 일이며, 세 번째는 장례 후 화장 처리되는 것이다.

1922년 2대 자혜의원 원장 하나이(花井善吉)가 교회 설립 청원을 받아들여 일본인 목사 다나카 신사부로(田中眞郎)가 자원봉사로 와서 교회를 개척하며 환자들을 돌봤다. 소록도교회이다. 당시 한센 교우들은 신사참배에 반대하고 원장숭배 강요에 굴복하지 않아 희생이 컸다고 한다. 육적으로는 환자였지만 영적으로는 장사들이었다.

　그동안 일본인 목사가 교회를 맡아오다가 1946년엔 출옥 성도 김종복 목사가 순천노회 파송을 받았다. 하지만 1950년 9월 퇴각하던 공산군에 의해 순교 당하셨다. 지금도 소록도연합교회 마당에는 그의 순교비가 서 있다. 한국교회가 김 목사를 기억하지 못해도 하나님은 기억해주실 것이다.

　인권이 소외된 소록도에도 복음의 꽃은 피었다. 신실하신 하나님은 오늘도 묶인 땅에 하늘의 꽃을 아름답게 피우실 것이다. 우리가 알지 못하는 하늘의 언어로, 하늘의 방법으로

14
형평운동: 서로를 인정하고 사는 날 평화가 임한다

간디가 카스트 제도를 없애고 불가촉천민을 구제하기 위해 그들을 '하리잔'이라 부르도록 했다. '신의 자녀'라는 뜻이다. 그러나 그 이름은 동정을 받는 이름이라며 거절하고 대신 자신들을 '달리트'라 부르도록 했다. '핍박을 받는 자'라는 뜻이다.

우리 역사에서 이처럼 핍박받아온 계층으로 백정(白丁)이 있다. 일반적으로 소나 개, 돼지 따위를 잡는 일을 직업으로 하는 사람을 가리킨다. 하지만 원래는 중국의 남북조(南北朝)와 수나라에서 일반백성을 가리키던 말이었다.

그것이 고려시대에 와선 특정한 직역(職役)을 부담하지 않고 농업에 종사하던 농민층을 가리키는 말로 사용되었다. 백정의 '백(白)'은 '없다' 또는 '아니다'라는 뜻이고, '정(丁)'은 '정호(丁戶)' 또는 '정인(丁人)'이라는 뜻을 가지고 있다. 그러므로 백정은 정호(정인)가 아닌 사람을 의미한다. 정호는 고려시대에 직역을 감당해야 할 신분 중에서 군역에 종사하는 일반 농민층을 의미한다. 따라서 정호가 아닌 백정은, 곧 농업에 종사하지만 군역의 의무를 가지고 있지 않은 계층이었다.

그런데 고려 사회에는 북방 민족의 귀화인으로서 일반 민중과 융합되지 못하고 방랑 생활을 하며 특수 부락을 형성하고 있는 족속이 있었다. 이들을 양수척(陽水尺) 혹은 화척(禾尺)이라 했다. 이들이 왜구를 가장하고 민가 및 관청에 침입하여 노략질하는 일이 빈번하자 원성이 높았다. 조선조에 들어와 조정에서는 이들을 매우 엄격히 감독하였다. 이로 인하여 그 대부분이 도살업을 생업으로 삼았고, 그 밖에 광대나 고리 제조를 하며 살아갔다. 1425년 세종은 양수척을 평민으로 대우해주기 위하여 백정에 편입시켰다. 일반 민중은 이들을 가리켜 신백정(新白丁)이라 불렀다. 그러나 종래 평민 중에서 약간 천인 축에 있던 백정보다는 양수척으로 백정에 편입된 신백정이 사회적으로 많은 문제를 일으켜 그 후 백정이란 이름은 신백정을 가리키는 말로 변질되었다.

조선시대의 백정은 천인 신분이었기 때문에 기본적으로는 국가에 대한 각종의 부담이 없었다. 일반 평민 중에서도 생활이 어렵고 각종 세금에 대한 부담이 커지면서 백정으로 변신하는 자의 수가 매년 증가하게 되었다. 아이러니가 아닐 수 없다.

1894년 갑오경장으로 신분차별이 법적으로 철폐되어 백정이라는 신분층은 사실상 없어졌다. 하지만 조선왕조 500년을 통해 지속되었던 일반민의 이들에 대한 차별 의식은 없어지지 않았다. 혼인은 물론 같은 마을에서 생활하는 것조차 꺼렸다. 특히 자녀교육 문제에서 심한 차별을 받았다. 각종 연설회, 오락회에 참가할 수 없었다. 부락의 공동 행사와 의복착용, 음주 등에서도 차별이 있었다.

백정에 대한 이러한 차별은 결국 형평운동(衡平運動) 또는 형평사운동(衡平社運動)이라 불리는 백정들의 해방운동, 곧 평등운동을 불러일으켰다. 이 운동은 1923년 4월 25일 경상남도 진주에서 백정 자산가였던 이학찬이 자제에 대한 교육차별사건을 계기로 양반 출신인 강상호, 신현수, 천석구 그리고 백정 출신인 장지필의 도움을 얻어 형평사(衡平社)라는 결사체를 조직한 데서 비롯되었다. 형평사의 창립에 백정이 아닌 양반층이 가담했다는 사실이 특이하다.

이들은 계급을 타파하고, 모욕적 칭호인 백정이라는 용어를 폐지하며, 교육을 장려해 백정도 참된 인간으로서 생활할 수 있도록 해야 한다고 주장했다. 사회적인 신분 평등과 함께 직업의 자유를 외친 것이다. 형평사의 활동은 당시의 언론과 각 사회단체로부터 적극적 지지를 받았다. 그러나 한편으로 이 운동을 방해하는 반형평운동도 있었다.

지금은 모두 과거의 일이 되었지만 우리 사회는 아직도 남에 대한 무시와 차별이 심하다. 우리가 서로 이웃을 인정하고 도우며 사는 날 비로소 참된 평화가 임할 것이다.

15
세계시민 되기: 좋은 시민은 생각과 태도부터 다르다

중국 연길에 있는 연변과기대에 가기 전 그곳에서 사람들을 대할 때 어떤 자세를 가져야 하는가를 교육받은 적이 있다. 되돌아보면 그것이 나의 세계시민 되기 첫 번째 교육이 아니었나 생각이 든다.

이젠 지구촌이라는 말이 실감나는 시대가 왔다. 한국에 외국인들이 많이 살고 있고, 한국인들도 외국에 많이 나가 산다. 지구가 하나의 촌이 되었다. 멀리 떨어져 보기 어려운 존재가 아니라 한 동네 한 식구가 되었다. 다문화시대를 연 것이다.

중요한 것은 과거의 사고방식에서 벗어나야 한다는 사실이다. 더 이상 종래의 관습, 종래의 사고로 사람들을 대해서는 안 된다. 세계 시민이 그리 쉽게 되는 것은 아니기 때문이다.

우선 서로에 대한 마음가짐이 달라야 한다. 한 마을 사람이 되었다는 것은 서로의 존재를 인정한다는 것이다. 한 식구로서 진심어린 마음이 필수다. 돈으로도 그 마음을 살 수 없다. 진정성은 돈에 있는 것이 아니라 마음에 있다.

자꾸만 우리와 비교하는 것은 금물이다. 한국과 상대국을 비교하며 상대를 격하시키는 발언은 독약과 같다. 어느 민족이든 자부심이 강하지 않은 민족은 없다. 한 번이라도 그들의 자부심에 상처를 내면 치유하기 어렵다. 친정을 욕해대는 데 화가 나지 않을 며느리는 없다.

체제를 비난하지 마라. 우리 모두에게는 자신이 속한 조국이 있다. 나라마다 정치체제가 다를 수 있다. 상대가 우리 체제를 왈가왈부하는 것도 예의에 벗어나지만 우리가 그 나라의 체제를 비난하는 것도 예의에 없는 일이다. 어디에 있든 상대국의 체제와 법을 이해하고 존중하는 태도를 취해야 한다.

사람들을 만날 때마다 서로 긍정적으로 보는 것이 중요하다. 인종이든 민족이든 나라든 과거의 편견을 가지고 부정적으로 말하지 마라. 적극적으로 대하고 긍정적으로 대답한다. 상대가 비록 부정적으로 말을 해온다 해도 긍정적인 측면에서 좋은 점을 들어 말하는 습관을 길러라. 그 속에서 당신의 자아가 건강하고 아름답게 자란다.

이제 우리 모두는 세계시민이다. 시민이면 시민다워야 한다. 우물 안 개구리처럼 행동하고, 상대를 격하하면 당신도 곧바로 격하된다. 높은 시민성은 높은 시민의식에서 나온다. 생각과 태도를 바꾸지 않는 한 우리는 절대 좋은 세계시민이 될 수 없다.

제8부 시들한 인생 빳빳하게 세워라

01
어처구니없다: 이것이 없으면 정치든 경제든 잘
갈리지 않는다

한미 간 FTA로 협상을 할 때 국내는 시끄러웠다. 미국은 이미 통과되었는데 우리는 여와 야의 큰 입장 차만 드러냈다. 그런데 『동아일보』는 꽤 재미있는 기사를 내놓았다. FTA와 관련해 정치인들의 말 바꾸기를 소개한 것이다. 한마디로 '정치 코미디'다.

야권의 손학규 민주당 대표, 노무현 정부 때 신지식 포럼 강연에서 강조한다. "노무현 정부가 다른 것은 잘 몰라도 FTA는 잘한 것이다. 나라를 위해 꼭 필요한 일이라면 정치적 유·불리나 표를 의식하지 말고 입장을 펼치는 것이 국민이 바라는 새 정치의 모습일 것이다." 그러나 이명박 정부가 들어서는 말을 바꾼다. "우리에게 이익이 안 되고 주권 침해의 소지가 있는 한미 FTA를 이대로 통과시킬 수 없다."

여권의 홍준표 한나라당 대표, 노무현 정부 때 "(ISD는) 한국의 사법주권 전체를 미국에 갖다 바친 것. (노무현 정부가) 자기 임기 중에 실적으로 남겨야겠다는 조급한 생각 때문에 우리에게 일방적으로 불리한 협상이었다"라고 주장했다. 그러나 지금은 말한다. "이미 노무현 정부 당시에 체결했던 것을 우리는 국회 비준 동의하는 것에 불과하다. 야당들이 반대하는 것은 적절하지 않다."

두 대표의 말을 들으면 "참 어처구니없다"라는 생각이 든다. 어처구니는 원래 맷돌의 손잡이를 가리키는 말이다. 밑돌과 윗돌 사이에 어처구니가 있어야 곡물이 잘 갈린다. 어처구니가 없으니 정치든 경제든 잘 갈릴 리 없다. 어디 좋은 어처구니 없나.

02
떼돈 번다: 떼돈을 벌려면 떼로 써야 한다

우리는 가끔 떼돈 번다는 말을 한다. 돈을 어떻게 벌기에 떼돈인가 싶다. 그런데 정작 떼돈이란 말이 왜 나왔는지는 잘 모른다.

떼돈은 원래 뗏목과 떼꾼의 가장 화려했던 시절을 반영하고 있다. 자동차나 기차가 없던 때 뗏목은 주요 운송수단이었다. 대원군이 임진왜란 때 불탄 경복궁을 재건했다. 그 당시 재료는 주로 나무였다. 오지의 나무를 뗏목에 싣고 한양까지 운반해야 했다. 떼꾼들은 영월이나 정선에서 노량진 · 마포 · 뚝섬으로 나무를 날랐다.

나무 수요가 높아지자 뗏목을 만들고, 운송을 담당한 떼꾼의 몸값도 덩달아 뛰었다. 돈방석에 앉게 된 것이다. 떼돈은 바로 떼꾼들이 돈을 많이 버는 것에서 나온 말이다. 군수 월급이 15원 남짓하던 일제 때 정선의 뗏목꾼들은 그 지역 목재를 서울 등지로 실어 나르며 한 달에 300여 원을 벌었다. 떼돈이다.

그러나 그 뗏목 벌이도 쉽지 않은 법. 때로 급류에 뗏목을 잃기도 하고, 수리비도 만만치 않았다. 먼 거리를 오가다 보니 밥값, 술값도 많이 들었다. 그러다 보니 돈을 모으기보다 돈을 떼로 써야 했다는 뜻에서 떼돈이라는 말도 있다. 떼돈에도 희비가 있다.

지금은 뗏목으로 떼돈 버는 때는 아니다. 한때 그 자리를 부동산, 기름 등이 차지했었고 지금은 IT, BT 관련 벤처사업이 떼돈벌이 대상이다. 그때마다 그것을 따라다니는 떼꾼이 있다. 앞으로 누가 떼돈을 벌게 될지 궁금하다. 떼돈에도 그만큼 역사가 깊다.

"떼돈을 번다고?" 그 말엔 부러움도 숨어 있고, 빈정대는 마음도 있다. 하지만 떼돈은 마냥 돈을 갈퀴로 긁어대는 것이 아니다. 떼돈을 벌려면 그만큼 노력도 하고, 비용도 든다. 떼로 벌기도 하지만 떼로 써야 한다. 세상엔 공짜가 없다. 그러니 너무 부러워 말기를.

03
놈: 저자만 사랑하지 말고 이놈도 사랑해주세요

우리가 사용하는 말에 '놈'이 있다. 남자를 낮잡아 쓸 때나 사물이나 동물을 홀하게 이를 때 주로 이 단어를 사용한다. "이놈, 그놈, 왜놈, 양놈, 촌놈, 상놈, 잡놈, 도둑놈, 미친놈." 욕처럼 들리니 듣기에도 민망하다. 상스러운 느낌마저 든다. 이 말을 남자아이에게 할 땐 다소 귀여운 느낌이 드니 어디든 예외는 있는가 보다.

옛날에 놈은 사람이나 사물을 가리킬 때 주로 사용했다. 지금과는 아주 격이 달랐다. 이것을 '놈 자(者)'에서 찾아볼 수 있다. '당사자, 환자, 신자, 작자' 모두 '놈 자'가 들어 있다. 상스럽거나 욕이란 느낌이 전혀 들지 않는다. 이렇게 다를 수 있을까.

'자(者)'는 원래 화로 위에 땔감 이것(놈) 저것(놈)을 많이 모아놓고 세게 피우는 모습을 형상화한 것이다. 땔감이다 보니 어느 한 곳에 이것(놈) 저것(놈) 많이 모아 불을 세게 지폈다. 이런 배경을 가지고 여러 글자가 조합되었다.

수도, 도읍, 도회지에 '모을 도(都)'가 있다. 사람이 많이 사는 고을(뭄= 阝)과 '놈 자'를 더한 것으로 사람들이 많이 모여 불을 많이 피우고 사는 큰 고을이란 뜻이다. 피서, 처서엔 '더울 서(暑)'가 있다. 불길을 아주 세게 지핀다는 '놈 자'와 해를 뜻하는 '날 일(日)'을 더해 햇볕이 아주 뜨겁다는 뜻으로 사용한다.

화저에는 '젓가락 저(箸)'가 있다. '놈 자'와 '대 죽(竹)'을 더해 음식 등의 물건을 이것저것 모은다고 해서 사용한 것이다. 저자(著者)는 이것저것 모아 새로운 것을 쓴다는 뜻에서 저자다. '책 서(書)'도 글을 쓴다는 뜻의 '붓 세울 율

(聿)'과 한곳에 끌어 모은다는 뜻의 '놈 자'를 더해 '써서 모아놓는다'는 뜻으로 사용되었다.

사치(奢侈)나 호사(豪奢)에 '지나칠 사(奢)'가 있다. 어느 한 곳에 집중적으로 불을 지핀다는 '놈 자'와 '큰 대(大)'를 더한 것으로 불을 너무 많이 피운다는 뜻이다. 과분하다는 말이다.

놈과 자의 사용이 이렇게 차이가 있을까? 놈이 민망해졌다. 급기야 눈물 섞인 어조로 외친다. "한국 사람들, 이럴 수 있어요? 사대주의하세요? 저자만 사랑하지 말고 이놈도 사랑해주세요!"

04
시치미 떼지 마: 오리발 내미는 사람 믿을 수 있을까

고려시대엔 매를 이용해 사냥을 많이 했다고 한다. 매를 길들이는 것도 힘들지만 훔쳐가는 일도 비일비재하여 매의 주인이 누구인가를 확실히 하기 위해 꼬리표를 달았다. 주소를 적어 매의 꽁지 털 속에다 매어둔 네모꼴의 뿔, 이것이 바로 시치미다.

문제는 매를 훔친 뒤 시치미를 떼버리면 누구의 것인지 알 수 없다는 데 있다. 자기 매인 것 같은데 시치미가 없으니 자기 것이라 주장할 수가 없다. 그래서 나온 것이 "시치미 떼지 말라"는 말이다. 그때나 지금이나 사는 것이 각박한 탓이리라.

요새는 사냥매를 사고파는 일이 흔하지 않으니 그런 시치미는 찾아보기 어렵다. 대신 자기가 하고도 안 한 체, 알고도 모르는 체할 때 시치미를 떼지 말라고 한다. 인간관계로 적용이 달라진 것이다.

우리 삶에서도 시치미는 존재한다. 잘못을 하고서도 안 한 체, 죄를 짓고서도 안 한 체. 생각해보니 한두 가지가 아니다. 시치미 뚝 뗀 체 자주 오리발 내미는 우리를 향해 과연 신은 뭐라 하실까.

05
기가 막혀: 기도 조정이 필요하다

"기가 막혀." 할 말을 잃을 만큼 어처구니가 없을 때, 또는 전개된 광경이 너무 놀라울 때 이 말을 자주 사용한다. 사용 폭이 기가 막히다.

한자에서 기(氣)는 숨이 꺾이면서 나오는 모양(气)과 쌀 미(米) 자를 합한 글자이다. 쌀을 찔 때 나오는 증기를 뜻한다. 힘차게 밀고 나오는 모습을 보노라면 기의 힘을 느낄 수 있다. 기만큼 다양하게 사용되는 단어도 없다. 기운(기체, 원기, 정기), 호흡(호기), 자연계에 일어나는 현상(기후, 기상), 타고난 성질(기질, 기색, 기분) 등을 표현할 때 자주 사용된다. 영어론 정신(spirit), 에너지(energy) 등으로 쓰인다. 만물 또는 우주를 구성하는 기본 요소로 물질의 근원 및 본질로 인식될 만큼 큰 자리를 차지한다. 하기는 우리가 숨 쉬기 위해 필요한 산소도 기체니 말해 무엇 하랴. 기가 없으면 어찌 살아 있다 할까.

중국철학에선 모든 존재현상을 기로 설명했다. 즉 기가 모이고 흩어지는 데 따라 존재가 생겨나고 없어진다. 따라서 기는 생명 및 생명의 근원이다. 노자와 장자는 우주의 생성 변화를 기의 현상으로 보았다. 한나라 때는 음양오행으로 기의 이론을 복잡하게 전개시켰고, 송나라 땐 유가에서 이(理)와 대치되는 개념으로 기를 다루었다. 이 이기철학이 조선에 들어와 심성론으로 발전해 선악의 문제를 마음의 성정에서 찾았다. 선과 악이 모두 구체적 현실로 드러나는 것은 바로 기라며 실질적인 것에서 진리를 찾으려는 운동이 바로 조선 후기에 나타난 실학이다.

일반인들이야 철학까지 들어갈 필요 없다. 기는 생활 속의 언어다. 그중에

혈기(血氣)가 있다. 인간의 생명은 기의 흐름으로, 그것이 피의 순환과 연관된다고 본 것이다. 기식(氣息)은 호흡이, 기색(氣色)·기분(氣分)·기품(氣品)은 내적 생명의 상태가 밖으로 드러난 것이다. 그런데 공자는 "혈기를 조심하라" 했다. 생리적 욕구를 기로 보고, 이를 다스리고 제어해야 한다는 것이다. 우리가 말하는 것과는 차원이 다르다. 순자 역시 인간이 인간다우려면 이성으로 기를 제어해야 한다 했다. 이때 기는 기피의 대상이다.

하지만 사람들은 기를 좋아한다. 대표적인 것이 인기(人氣)다. 인기가 없으면 자신을 의미 없는 존재로 여겨 자살에까지 이르게 한다. 직장이나 군대에선 사기(士氣)가 하늘을 찔러야 한다. 기도 못 펴게 하면 일할 맛이 안 난다. 그렇다고 기고만장(氣高萬丈)하게 하면 안 된다. 기도 조정이 필요하다.

요즘 기가 막힌다고? 기가 막히면 기절(氣絶)하게 된다. 숨이 막히고 정신을 잃는다. 정신을 차리고 원기(元氣)를 회복해야 한다. 그 방법은 뭐냐고? 그야 간단하지, 감기(感氣) 걸리지 않으면 돼. 차가운 기운(氣)에 감염되지(感) 않아야 몸이 오싹하거나 콧물 날 일 없지.

"그것도 답이라고. 나 참 기가 막혀."

"그렇게 말하지 마. 지금 찬 기운이 세상을 어지럽히고 있잖아."

06
매가리가 없다: 시들한 인생 빳빳하게 세워라

매가리가 없다는 말이 자주 들린다. "요즘엔 영 매가리가 없다." "선수들이 매가리가 풀렸다." "여론조사에서 A후보가 매가리 없이 나가떨어졌다." "차도 주인 닮는다고 매가리가 없다." "그 사람 목소리는 다 죽어가는 사람마냥 매가리가 없다." 박완서도 소설에서 "사는 게 매가리가 없고 시들시들하고 구질구질하다"고 표현한다.

매가리 없다는 것은 기운이 없다는 뜻이다. 매가리는 '맥'을 속되게 이르는 말이다. 바닷고기 가운데 전갱잇과에 속하는 매가리도 있지만 이것과는 상관이 없다.

매가리가 없다는 말에 적합한 예화가 없나 찾아봤더니 가수 나훈아 얘기가 나온다. 그는 공연 때마다 소도구를 사용했다. 노래를 부르다가 쪽박을 깼다. 극적인 효과를 높이기 위한 것이다. 그는 쪽박 외에도 빨래판, 대형 북도 등장시켰다.

한번은 청도 토종닭을 구해달라는 주문이 떨어졌다. 청도를 돌아다니다 괜찮다 싶으면 폰카로 찍어 전했다. 그런데 계속 답은 "노!"였다. "그럴듯하기는 한데 매가리가 없다"는 것이 다. 결국 닭을 찾은 곳은 청도가 아니라 팔공산이었다. '오케이' 신호가 떨어져 닭을 박스에 넣어 김천까지 싣고 갔는데 박스를 열어보니 닭이 비실비실했다. 멀미를 한 것이다.

"행님, 이놈도 매가리가 없심더."

"서울 가서 물하고 모이 좀 먹으면 다시 빳빳하게 치켜들 거야. 가져가 봐."

요즘 왠지 매가리가 없다고요? 기운 내세요.

07
뚱딴지: 뚱딴지같은 생각을 하라

"얘가 무슨 뚱딴지같은 소리야." 어디서 많이 들어본 소리다. 뚱딴지. 그런데 뚱딴지는 서럽다. 사람들이 너무 몰라주기 때문이다.

뚱딴지는 원래 국화과에 속하는 풀이다. 겉은 야생국화 정도로 보이지만 뿌리엔 작은 감자가 달려 있다. 그런데 왜 뚱딴지일까? 국화도 아닌 것이 감자도 아닌 것이. 그래서 뚱딴지일까? 우리말로 국우, 뚝감자, 돼지감자다. 북아메리카가 원산지라는데 영어 이름은 Jerusalem artichoke다. 예루살렘이 갑자기 왜 붙을까? 뚱딴지같이.

사람들은 뚱딴지를 별로라 생각하는 것이 틀림없다. 완고하고 우둔하며 무뚝뚝한 사람, 행동이나 사고방식 따위가 너무 엉뚱한 사람, 터무니없는 사람, 불합리하고 몰상식한 사람을 놀릴 때 이 말을 사용하기 때문이다. 뚱보에게도 이 말을 적용하니 뚱보도 괴롭다.

하지만 뚱딴지에 대한 우리의 인식을 바꿀 때가 되었다. 우선 버릴 것이 없을 만큼 좋은 식물이다. 8~9월에 피는 노란 꽃은 말려 국우차 끓여 먹으면 건강에 좋다. 덩이줄기나 잎은 이눌린(inulin) 성분이 들어 있는 데다 연하고 단맛이 있어 유럽에서는 요리에 넣는 야채로 이용한다. 뿌리 감자는 먹기도 하고, 피클이나 다이어트 요리에 쓰인다. 당뇨병에도 좋고, 장의 활동을 도와 몸매관리를 하는 데 짱이다. 알코올의 원료로 쓰이고, 사료로도 쓰인다.

시골의 담장이나 공터에 스스로 자라서 별로 주목을 받지 못하는 뚱딴지. 그러나 한때 가난한 사람들에게 식량이 되어 '구휼식품'이라 불리며 잘 나가던 뚱딴지였음을 잊지 마시라. 그런데 요즘 뚱딴지는 여러 분야에서 각광을 받고 있다. 우선 사막화를 막는 데 크게 도움을 준다며 친환경 식물로 뜰 참이다. 그리고 여기저기서 외친다. "뚱딴지같은 생각을 하라." 뚱딴지가 창의성의 주역이 되는 순간이다. 드디어 뚱딴지도 박수 받을 차례가 왔나 보다.

08
알아야 면장을 하지: 윗사람이 되려면 견식이 높아야 한다

우리는 가끔 "알아야 면장을 하지"라는 말을 한다. 그런데 이 면장을 행정구역의 면장(面長)으로 잘못 알고 있다. 그럼 그 면장이 아니란 말인가? 그렇다.

면장은 공자의 말에서 유래되었다. 『논어』 「양화편」 10장에 공자가 아들 백어(伯魚)에게 묻는다 "너는 주남(周南)과 소남(召南)의 시를 배웠느냐?" 그리고 주남과 소남의 시를 배우지 않는다면 '정장면이립(正牆面而立)'이 될 것이라 한다. 정장면이립이란 '똑바로 담장을 향해 서있는 것과 같다'는 것으로 무식함을 비유할 때 쓰이는 말이다. 우리가 쓰는 면장은 담장(牆)에서 얼굴(面)을 면(免)한다는 '면면장(免面牆)'을 줄인 말이다.

"알아야 면장을 하지." 이 말은 쉽게 말해 윗사람이 되려면 실력이나 견식이 있어야 한다는 것이다. 변화가 많은 세상에 면장을 하려면 식견을 높여야 할 일이다. 나이가 들어도 공부를 게을리하지 말아야 할 이유가 생겼다. 그렇지 않으면 언젠가 창피를 당한다.

09
공부해라 공부: 공부해서 남 주자

왕백민이 쓴 『중국소수민족미술사』에는 화가 전동식의 유화 작품 '모친'의 사진이 실려 있다. 조선의 어머니는 어디에 살든 자식이 공부 잘하기를 바랐다. 밥상이 책상이 되어도 자식은 열심히 공부한다. 어머니는 바느질을 하면서도 자식을 지켜본다. 많은 것을 생각나게 하는 작품이다.

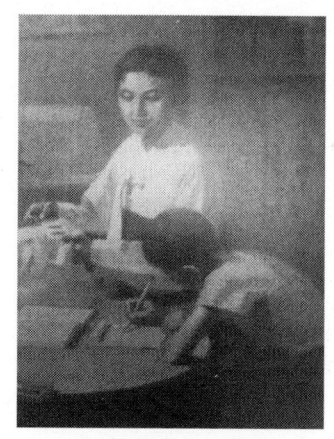

전동식의 유화 <모친>

"공부해라 공부!" 이것은 우리가 어렸을 때 부모로부터 가장 많이 들었던 말이다. 자식이 책상에 붙어 있어야 비로소 마음이 놓이셨을 것이다. 그렇다고 공부하는 것 아닌데. 다산 정약용도 예외는 아니었다. 그는 아들에게 편지를 보내 공부하도록 독려했다. "폐족으로서 잘 처신하는 방법은 오직 독서하는 것 한

가지밖에 없다. 너희들은 이것을 한 번 얼핏 읽어보고 고리짝에 처넣고는 다시 마음을 두지 않아서야 되겠느냐?" 다른 부모와 다르다면 다산 스스로 공부에 정진했다는 점이다. 그저 공부만 하라 말만 해서는 안 된다는 것을 몸으로 보여주었다.

공부가 무엇이기에, '공부 공부' 할까? 공부(工夫)는 '장인 공(工)'과 '지아비 부(夫)'를 합한 말이다. 공(工)은 상하의 판자에 구멍을 뚫고, 그것을 막대기로 관통한 모양을 나타낸 글자이다. 쉬워 보이지만 구멍을 내 균형을 맞추기 어렵다. 아무나 할 수 있는 일이 아니다. 그래서 장인(artisan) 공이라 한다.

지아비 부(夫)는 남편(husband)을 일컫는다. 공부에 남성이 들어가 있다니. 공부는 남자만 하는 것은 아닐 것인데. 부(夫)는 큰 대(大)자로 선 사람의 머리에 관을 얹은 모습을 본뜬 글자이다. 그래, 공부하는 사람이 큰 사람이지. 부는 어른이 된 남자, 또는 일꾼을 가리킬 때 사용되기도 한다. 미래를 꿈꾸는 일꾼 아닌가. 공부에 남성이 등장하는 것은 그 옛날 남성이 공부 부분에서 해야 할 몫이 컸다는 것을 보여준다. 요즘 남성만 공부하라면 여성들이 좋아할까? 무슨 소리. 공부엔 남녀노소가 없다.

한자의 어원은 그렇다 치고 공부는 과연 무엇일까? 조사해보니 여러 뜻이 있다. 첫째는 수단을 강구하거나, 여러 모로 생각하는 것이다. 중국에서는 오랫동안 공들이는 것을, 일본에서는 궁리하고 생각을 짜내는 것을 공부라 했다 한다. 공부는 시간을 들여 궁리하며 생각하는 것임을 알 수 있다. 둘째는 학문이나 기술 등을 익히고 배우거나, 정신의 수양 또는 단련을 위해 힘쓰는 것을 말한다. 이 같은 정의는 한국에서 주로 많이 사용한다. 셋째는 일꾼이다. 어떤 경우든 공부는 강한 집중도를 요구하며, 이로 인해 결과도 다르게 나타난다.

부모는 자식들에게 왜 공부를 강조할까? 그것은 공부가 자식의 미래, 곧 세상에서의 성공과 직결된다고 보기 때문이다. 물론 공부를 잘한다고 해서 다 성공하는 것은 아니지만 아는 것이 힘이 되는 것은 확실하다.

공부에 대해 한 가지 더 할 말이 있다. 부모는 아이들을 다그칠 때 이렇게 말한다. "공부해서 남 주나?" '다 너 좋으라고 한 것이니 열공 모드로 들어가라'는 말씀이다. 그런데 요즘 이런 말이 있다. "공부해서 남 주자." 공부한 전문 지식이나 기술로 어려운 이웃을 돕는 데 사용하니 어찌 아니 좋으랴. 이기적인 공부가 이타적으로 바뀌면 세상이 달라진다. 이때 "공부해라, 공부!"의 의미가 들린다.

10
을씨년스럽다: 민족의 절망과 울분을 넘어서라

'을씨년스럽다.' 쓸쓸하고 스산한 풍경을 묘사할 때 쓰는 말이다. 요사이 날씨 변화도 그렇고, 정치나 경제 돌아가는 것 보면 정말 을씨년스럽다는 말이 튀어나올 법하다.

'을씨년스럽다'는 말은 을사조약으로 우리나라가 일본의 속국으로 전락했던 을사년(乙巳年)의 비통함과 허탈함에서 나온 말이다. '을사년의 분위기처럼 쓸쓸하고 침통하다'는 뜻이다. 이 속에는 우리 민족의 절망과 울분이 깃들어 있다.

정치가는 정치를 잘해서 국민에게 기쁨을 주고, 경제인은 사업을 잘해서 나라를 부강하게 하는 일이 사명이다. 종교는 국민의 심성을 고르게 하고 서로 사랑하게 만드는 일이 급선무다. 구름이 잔뜩 끼어 있어도 그 위에는 해가 빛나고 있을 터인데 왜 위를 보지 못하고, 국민의 마음을 을씨년스럽게 만들고 있는지 정말 안타깝다. 내일 해를 보았으면 좋겠다.

11
김치만 같아라: 절이고 눌리고 썩을 때 사람 된다

김치는 한국을 대표하는 음식물 가운데 하나다. 밥하고 김치만 있으면 먹을 수 있고, 국에 김치만 넣어도 일품이니 정말 김치를 제칠 음식이 없다. 가장 즐겨 먹는, 그리고 가장 가까운 김치. 알아볼까?

김치는 한자어 '침채(沈菜)'에서 비롯됐으며 '침채'는 우리나라에서 만들어진 한자어라고 한다. 예전에는 김치를 '지(漬)'라고 불렀다. 고려시대엔 김치를 지히[沈菜]라 했고, 김치 담그기를 감지(監漬)라고 했다. 지금도 지방에 따라서는 김치를 지라고 부르기도 한다. 이 지히가 지속적인 구개음화 과정을 거치면서 '팀채-딤채-짐채-김채'로 변하면서 지금의 김치가 되었다. 지나 딤채 모두 김치의 별명인 것이다.

김치는 왜 좋을까? 우선 김장을 담글 때 서로 도우며 담기에 좋다. 얼마나 정겨운가. 발효음식이라 좋다. 그리고 재료와 조리 방법에 따라 많은 종류가 있어서 좋다. 다양하다는 말이다. 원하는 대로 만들어 먹으면 된다. 다른 나라에서 아무리 흉내를 낸다 해도 우리 김치를 따를 수 없다.

난 가끔 생각한다. 김치가 왜 맛있을까? 폭 절이고 무치고 눌리고 썩고 그 오만 가지 과정을 거쳐야 맛이 나는 것이리라. 폭 절이고 눌리고 썩을 때 사람도 될 것이다. "여기, 묵은 지 한 접시요." 모두 김치만 같아라.

12
얼레리 꼴레리: 젊은이여, 주눅 들지 말고 비상하라

아이들이 놀릴 때 자주 쓰는 말로 '얼레리 꼴레리'가 있다. '얼레 꼴레'라기도 한다. 무슨 뜻이냐고 물으면 "그냥요"라고 한다. 그냥 마음에 안 들고, 골려 주고 싶다는 것이다.

'얼레리 꼴레리'는 원래 새로 부임한 어린 나이의 벼슬아치를 나이가 어리고 경험이 없다하여 놀림조로 부른 말에서 나왔다. 표준어는 '알나리깔나리.' '알나리'는 어린 나이에 벼슬한 아이를 가리키는 말로, '아이 나리'라는 뜻이다. 그 속엔 놀림의 뜻이 담겨 있다. '깔나리'는 별 뜻 없이 재미를 위해 붙여진 말이라고 한다. 하지만 '그 꼴 못 봐주겠다', '깔보겠다'는 뜻이 담겨 있는 것은 아닌지 모르겠다.

나이 어려 벼슬한 것이 무슨 잘못이 있을까만 워낙 연공서열을 중시한 시대인지라 시샘을 비켜가기 어려울 수 있겠다. 그러나 지금은 시대가 변했다. 나이보다는 능력이 중시되는 사회라 어린 사람도 윗자리에 오르는 경우를 쉽게 찾아볼 수 있다. 그래서 그런지 '얼레리 꼴레리'라는 말도 옛말이 되었다. 김연아가 세계적 인물이 된 것, 다 기뻐하지 않는가. 젊은이여, 비상하라. 자네들이 오르지 않으면 누가 오르리.

13
겨집, 계집: 남성들이여, 파트너를 존중하라

한자 계집 여(女)는 손을 맞잡고 무릎을 구부린 여자를 본뜬 글자이다. 사내 남(男)은 밭일이나 사냥에 힘을 쓰는 남자를 본뜬 글자이다. 계집의 겸양과 사내의 힘이 상징이다. 왜 여자만 손 맞잡고 무릎 구부려야 하느냐 불만이 많다. 남성중심의 문자라는 것이다.

사내라는 말은 여전히 인정을 받고 있지만 계집은 비어로 낮춰졌다. 계집은 여자의 순수한 우리말이다. 그런데 계집만 왜 비칭이 되었을까. 원래는 '겨집'이었다. 겨집이 여성 일반을 가리킨다면 각시는 미녀를 나타낸다. 겨집에는 아내라는 뜻도 포함된다고 한다. 그만큼 넓다. 그런데 소에 'ㅣ'가 붙어 '쇠'가 되듯(모음 역행동화) 겨에 'ㅣ'가 붙어 계가 되면서 격이 낮아졌다고 한다. 물론 그 이유만이 아닐 것이다. 아이일 경우 계집아이라 부르며 더 낮추었다. 충청도 방언으로 지지배다. 여성들이 화가 날 만하다.

왜 겨집일까? 민간어원설에 따르면 겨는 '집'에 '겨시다(계시다)'는 뜻에서 '겨집'이 생겨났다고 한다. 집에 계시는 사람이 여자라는 말인데, 여성들에게 다소 존중을 보이는 이 말도 따지고 보면 여성을 집 안에 묶어두고 있어 현대엔 적합지 않다.

신문을 보니 은퇴한 남편들 때문에 속 터지는 아내들이 늘어가고 있다 한다. 어디 함부로 계집, 계집아이라 부를 텐가. 여성은 남성의 중요한 파트너. 남성들이여, 파트너를 존중하라. 그렇지 않으면 함께 춤을 출 수 없다.

14
국수: 긴 면발처럼 오래오래 사세요

"자네, 국수 언제 먹여줄 거야?" 이 말은 "자네, 시집(장가) 언제 갈 거야?" 라는 말이다. 중국에서는 "언제 결혼 술 살 거야?" 또는 "언제 결혼 사탕 줄래?" 등으로 술과 사탕이 나온다는데, 우린 왜 국수일까? 이것이 궁금하다.

원래 국수는 밀, 메밀, 감자 등의 가루를 반죽해 얇게 밀어 썰거나 국수틀로 가늘게 뺀 것을 삶아 국물에 말거나 비벼 먹는 면(麵)을 가리킨다. 국수만큼 다양한 것도 없다. 칼국수, 잔치국수, 비빔국수, 콩국수, 냉면 등등. 결혼 땐 어떤 국수였을까?

국수는 무엇보다 장수와 연관이 있다. 이것을 알려면 중국 당나라 역사 속으로 들어가야 한다. 당은 실크로드를 통해 서역과 교역을 해왔다. 그 과정에서 서역에서 수차를 이용해 밀을 곱게 빻는 기술을 배웠고, 밀가루 반죽으로 기다란 국수를 뽑을 수 있게 되었다. 당나라의 어느 시인은 이 긴 국수를 먹으며 상상의 동물 기린만큼 오래 살기를 빌었다. 당시 사람들도 마찬가지였다. 생일에 여러 모양의 국수를 먹으며 "긴 면발처럼 오래오래 살게 하소서." 장수를 빌었다. 그래서 장수면이다.

우리나라에서 국수는 귀한 음식이라는 뜻도 있다. 고려시대에 국수가 처음 소개되었는데 당시 밀은 쌀보다 귀한 곡식이어서 쉽게 국수를 먹을 수 있는 음식이 아니었다. 귀족이 아니면 먹기 어려워 일반백성들은 제사나 혼인잔치 등 특별한 날에 잔치국수를 먹었다. 일일이 반죽하고 썰고 손이 가다 보면 과연 나에게 돌아올 국수가 있을까.

요즘 국수를 대접하면 귀한 것 먹었다 감사할 사람은 거의 없다. 가난한 시절 한 끼 식사대용이었던 추억이 많다. 하지만 옛날 분들에게 있어 국수의 의미는 남달랐다. 어른에게는 만수무강을 비는 것이었고, 신랑신부에게는 '한 평생 오래오래 행복하게 사세요', '좋은 일이 오래도록 이어지세요'라는 깊은 의미가 담겨 있었다. 그런데 요즘 그 국수가 갈비탕으로 바뀌고 있다. "갈비탕 언제 먹게 해줄 거야?" 좀 이상하다. "자네, 국수 언제 먹여줄 거야?" 정겹고 부담도 없다. 잔치국수가 그립다.

15
아내라는 이름: 남편이여, 고고학자가 되라

아내는 원래 혼인관계에서 여성을 일컫는 말이다. 이에 대해서는 주로 두 가지 해석이 있다. 하나는 '안해', 곧 집안의 해라는 의미를 가지고 있다는 주장이다. 아내에 대한 아주 좋은 해석이 아닐 수 없다. 다른 하나는 해가 태양을 의미하는 것이 아니라 "○○야"처럼 누구를 부를 때 붙이는 접미사로, 반말은 아니지만 그와 같은 기능을 한다는 주장이다. 반말이 아니라니 다행이다. 북한뿐 아니라 중국동포들도 안해라는 말을 사용한다.

아내에 대해 가장 많이 사용하는 호칭은 '집사람'이 아닐까 싶다. 집사람은 원래 한자의 '가인(家人)'에서 나왔다고 한다. 부인을 가족으로 생각했다는 주장도 있지만 집 안의 존재로 더 인식하지 않았나 싶다.

특이한 것은 중국동포들이 아내를 가리켜 '안깐'이라 하고, 남편을 가리켜 '나그네'라 부른다는 사실이다. 안깐은 집안에서 생활하는 사람임에 반해 나그네는 바깥사람이요 손님이다. 그런데 왜 나그네일까? 어떤 사람은 독립군 활동을 하다 보니 집에 잠시 들렀다 간 역사적 배경이 있다 하고, 어떤 사람은 북한에는 산이 많아 그곳에서 활동하는 일이 많다 보니 그리되었다 하기도 한다. 늘 바람처럼 오가는 남편을 나그네라고 생각하고 아내들은 독립심을 키웠을 법하다. 하지만 정확한 내막은 알 수 없다.

웃어른 앞에서 자기 아내를 낮추어 지어미라 불렀고, 웃어른 앞에서 자기 남편을 낮추어 지아비라 불렀다. 지어미나 지아비는 겸손이 담겨 있다. 아내가 중년이 넘으면 허물없이 마누라라 부른다. 그 속에 정도 담겨 있다.

전통적으로 아내는 집 안에서 살림을 잘하고, 남편은 밖에 나가 가족을 위해 일해야 하는 존재였다. 하지만 지금은 부부 모두 밖으로 나가거나 심지어 남편이 가사 일을 맡는 경우마저 있어 호칭을 어떻게 불러야 할지 혼란스러운 상황이다.

그러나 한 가지 변함이 없는 것은 결혼하면 부부가 된다는 사실이다. 부부는 결혼할 때 결혼반지(wedding ring)를 나눈다. 그 반지에는 변함없는 사랑의 뜻도 담겨 있지만 고난을 함께한다는 뜻(suffering)도 담겨 있다. 반지는 양날을 가진 셈이다.

윤희영은 부부에 관한 글에서 "성공적인 결혼은 늘 같은 사람과 몇 번이고 다시 사랑에 빠질 수 있어야 가능하다. 남편은 고고학자가 돼야 한다. 아내가 오래되면 될수록 더 많은 관심을 가져주는 그런 고고학자 말이다"라고 했다. 의미를 주는 말이다.

성경엔 아내를 '돕는 배필'이라 했다. '돕는'은 히브리어로 '에세르'다. 이 말은 하나님과 관계되는 단어이다. 돕는 하나님, 도와주시는 하나님을 지칭할 때 사용된다. 부부는 하나님 앞에서 생명을 유업으로 함께 나누는 사이로, 서로 영적 성장을 돕는 사람이다. 부부가 서로 손을 잡고 기도를 해야 할 이유가 여기에 있다. 아내는 단순한 housewife가 아니다. 가정을 진정 가정답게 만드는 영적인 homemaker이다.

제9부 인간이 선행을 하면 하늘의 힘도 강해진다

01
깨달음: 깨달음은 실천이 따라야 빛이 난다

인도에서는 두 종류의 사람이 있다고 말한다. 하나는 고행 후에 진리에 도달하는 '사두(Sadhu)'다. 고행을 중시하는 인간이다. 다른 하나는 진리를 듣기만했는데 해탈하는 '슈라바크(Shurabak)'다. 고행과는 거리가 있지만 마음이 옥토와 같아서 깨달음이 가능하다고 본다. 두 종류 모두 고행 여부에 따라 다르게 분류되지만 진리를 깨달았다는 점에서는 공통된다.

불교도 깨달음을 중시한다. 불교인들은 서로 인사하며 말한다. "모두 깨달음에 도달하시기 바랍니다." 그러나 정작 깨달음이 무엇이냐고 물으면 추상적이다. 깨달음은 말로써 설명되는 것이 아니라 직접 확인될 수 있을 뿐이라는 것이다. 하지만 말이 깨달음을 벗어나 따로 있는 것은 아니라 한다. 말로써 깨달음을 바로 드러내는 것이 화두(話頭)이고, 화두를 통하여 깨달음을 바로 맛볼수 있다 한다. 한국불교가 왜 화두를 붙잡고 깨달음의 경지에 도달하고자 하는지 알 수 있다.

유학자들도 깨달음과 행동 두 가지를 놓고 생각을 달리했다. 주자학은 선지후행(先知後行)이다. 깨닫는 것이 먼저이고, 행동은 나중이다. 이에 반해 양명학은 지행합일(知行合一)을 강조했다. 깨닫고 행하는 것이 하나가 되어야 한다는 것이다. 두 가지 모두 행함이 먼저이냐 아니냐에 차이가 있지만 깨달음만큼은 공통된다.

기독교는 깨달음과 거리가 먼가? 그렇지 않다. 깨달음을 중시한다. 예수님은 비유의 말씀을 듣는 무리를 향해 "듣고 깨달으라(마태복음 15:10)" 하셨고, 깨닫지 못하는 제자들을 향해 "너희도 아직까지 깨달음이 없느냐(마태복음 15:16)" 나무라셨다. 여기서 깨달음은 그분이 가르치시는 말씀, 곧 하나님과 그 나라의 삶이다. 그 삶을 이 땅에서 실천하라는 것이다.

종교는 모두 깨달음을 중시한다. 경전을 통해 그 길을 밝히고자 한다. 하지만 어찌 깨달음만 중요하겠는가? 깨달음 뒤에는 실천이 따라야 빛이 난다. 실천이 없는 깨달음은 야고보의 말대로 '행함이 없는 믿음'과 같지 않겠는가. 깨달음을 실행에 옮길 때 비로소 우리 속에 하늘의 평안이 임한다.

02
아수라장: 인간이 선행을 하면 하늘의 힘도 강해진다

"사람들이 야단법석이더니 곧 아수라장이 되었다." "아비규환의 아수라장으로 변했다." 우리가 흔히 사용하는 말이다. 아수라장, 그런데 그 말은 결코 쉬운 말이 아니다. 힌두교의 신화를 바탕으로 해서 불교가 채용한 단어이기 때문이다.

아수라장(阿修羅場)은 전란이나 그 밖의 일로 인해 큰 혼란에 빠진 상태를 뜻한다. 끔찍하게 흐트러진 현장을 가리킬 때 흔히 사용된다. 영어의 'turmoil, chaos, mess' 등에 해당한다. 아수라장의 아수라(阿修羅)는 '추악하다'는 뜻을 가진 산스크리트 '아수르(asur)'에서 나왔다. 아소라(阿素羅), 아소락(阿素洛), 아수륜(阿須倫) 등 여러 말로 표현되기도 하며 간단히 수라(修羅)라고도 한다. 아수르는 페르시아어의 아후라(ahura)와 같은 말로 아후라 마즈다처럼 신격을 뜻하며, 인도의 여러 신 중 바루나나 미트라를 아수라라 했다.

힌두신화에 따르면 아수라는 원래 선한 신이었다. 그런데 하늘과 싸우면서 악한 신으로 변했다. 아수라는 얼굴이 셋이고 팔이 여섯인 흉측하고 거대한 모습을 하고 있다. 아수라는 선신들의 적을 총칭할 때 사용되기도 하고, 비천(非天)·비류(非類)·부단정(不端正)한 귀신의 한 동아리를 가리키기도 한다. 인도 아리아인이 신앙하는 신격 가운데 아수라의 일군과 데바[天]의 일군이 있어 인드라를 비롯한 데바의 무리가 제사의 대상으로서 우세해짐에 따라 아수라가 마신으로 취급된 데서 나온 것으로 보인다. 페르시아에서는 다에바스가 마신이다.

아수라는 증오심이 가득한 가운데 싸우기를 좋아해 전쟁의 신으로 불린다. 하늘과 싸울 때 하늘이 이기면 풍요와 평화가 오고, 아수라가 이기면 빈곤과 재앙이 온다고 한다. 인도의 서사시 마하바라타는 비슈누신의 원반에 맞아 피를 흘린 아수라들이 다시 공격을 당하여 시체가 산처럼 겹겹이 쌓여 있는 모습을 그리고 있다. 피비린내 나는 전쟁터, 눈 뜨고 볼 수 없는 끔찍하게 흐트러진 현장을 가리켜 아수라장이라 한 것도 여기에서 비롯되었다.

불교에서는 전쟁이 끊이지 않는 세계를 아수라장이라 한다. 아수라는 세 쌍의 손 가운데 하나는 합장을 하고 있으며 다른 둘은 각각 수정(水晶)과 도장(刀杖)을 든 모습을 하고 있다. 불교의 육도(六道) 가운데 하나로 아수라도(阿修羅道)가 있다.

불교는 힌두신화 대부분을 재해석해 인도의 신들을 불교의 호법신장으로 만들었다. 인도의 신들이 부처의 설법에 감화하여 불교에 귀의한 것으로 설정했다. 그 대표적인 것이 제석천(帝釋天)으로 불리는 인드라다. 하지만 비슈누와 함께 절대적인 추앙을 받아 마하칼리로 불렸던 시바는 부처의 문지기로 강등된다. 힌두교와 불교의 보이지 않는 역학관계가 보인다.

불경 가운데 「잡아함경」은 인드라와 아수라의 싸움을 생생하게 전하고 있다. 인드라가 아수라의 딸을 허락 없이 취하자 아수라가 싸움을 걸어왔고 인드라는 위기에 처한다. 전투에서 패해 도망가던 인드라는 전차 앞에 금시조의 둥지가 있는 것을 보고 알을 보호해야겠다는 생각에 전차를 돌려 아수라 쪽으로 향한다. 아수라는 이것이 인드라의 계략일 것이라 생각해 후퇴했다. 위기를 모면한 인드라는 결국 아수라에게 승리한다. 불교에서는 아수라가 제석천(인드라)과 싸운 마당을 가리켜 아수라장이라 한다.

이 신들의 싸움을 인간이 어떻게 할 수는 없다. 그런데 특이한 것은 인간이 선행을 하면 하늘의 힘이 강해져 이기게 되고, 악행을 행하면 불의가 만연하여 아수라의 힘이 강해진다는 것이다. 아수라를 물리치는 것은 결국 인간의 노력에 달려 있는 말이다. 인간이 선행을 하고 정의로운 사회를 이룰 때 악의 상징인 아수라는 발을 못 붙이게 되고 피비린내 나는 아수라장도 자취를 감추게 된다는 것이다. 우리 인간이 언제 선과 정의를 바로 세워 이 아수라장을 밀어낼 수 있을까.

03
윤회: 유전이 중심이 아니라 깨달음과 변화가 중심이다

"다시 태어나면 당신 나와 결혼할 거야?" 가끔 부부끼리 묻는 말이다. "암, 다시 태어나도 당신이야." 하면 집안이 평안하지만 그렇지 않으면 태풍을 각오해야 한다. 그런데 기독교인들이 이런 질문을 해도 되나? 다시 태어난다는 것은 윤회설을 믿는다는 건데. 질문 자체부터 틀린 것이 아닌가? 불교인이라면 몰라도. 주도홍 교수는 말한다. "그냥 그만큼 사랑한다는 수사로 보면…… 그렇지만 엄격하게 보면 안 됩니다."

윤회(輪廻)는 아시다시피 힌두교와 불교의 기본적인 인생관이다. 우리는 누구나 윤회한다고 생각하지만 인간 모두 윤회한다고 말하는 것은 맞지 않다. 윤회는 해탈하지 못한 중생들에게 해당되지만 윤회의 업장을 해탈한 사람들은 윤회의 굴레를 벗어난다. 열반으로 입적했기 때문이다. 불교에선 해탈한 존재를 부처라 한다. 문제는 부처의 경지에 이른 사람들이 많지 않다는 것이다.

윤회란 생명이 있는 것, 곧 중생은 죽어도 다시 태어나 생이 반복된다고 하는 사상이다. 윤회는 산스크리트의 '삼사라(samsâra)'에서 나왔다. 삼(sam)은 '함께'라는 뜻을 가지고 있고, 사라(sara)는 '흘러가다', '움직이다'는 뜻을 가지고 있다. 따라서 윤회는 '함께 흘러감', '생의 변환'을 의미한다. 전생(轉生), 재생(再生), 유전(流轉)이다. 이것은 B.C. 600년경 우파니샤드의 문헌에서 비롯되었다.

불교에서 윤회의 대상은 깨달음을 얻지 못한 무지한 중생이다. 윤회에서 벗어나지 못하는 중생은 자신이 지은 업에 따라 다음 생애에 지옥, 아귀, 동물,

인간 등 육도(六道) 중 한 가지로 태어난다. 과거에 인간이었던 자가 동물이나 벌레로 다시 태어나기도 하고, 벌레였던 것이 인간으로 태어나기도 한다. 중생은 집착과 선업, 악업으로 해탈하지 못하고 번뇌와 업보에 따라 육도를 윤회하며 다시 태어나고 또다시 태어나게 된다.

윤회사상은 힌두교나 불교만의 사상은 아니다. 소크라테스 이전의 그리스 사상가나 플라톤에서 윤회를 볼 수 있다. 니체도 그 영향을 받아 영겁회귀(永劫回歸)라 했다. 김형준의 연구에 따르면 기독교의 경우 유스티누스, 아우구스티누스, 오리게네스 등에서 윤회사상이 발견된다. 하지만 니케아 회의에서 이 사상은 거부되었고, 콘스탄티노플에서 열린 제5차 공의회는 플라톤 사상에 입각해 윤회사상을 가르쳤던 오리게네스의 이론을 이단으로 단죄했다. 그 후 기독교에서 윤회라는 관념은 자취를 감추게 된다. 또한 영혼이 탄생하기 이전에 이미 존재하고 있었다는 영혼의 선재론도 부정되면서 생은 오직 1회적인 것으로 자리 잡게 되었다.

죽어서 하나님 나라로 가는데, 다시 무엇으로 태어나 다시 고뇌의 삶을 이어가야 한다면 얼마나 괴로울까. "그러니 여보, 다시 태어날 생각은 아예 접고 둘이 손잡고 주님 앞으로 갑시다. 그런 질문하면 오리게네스가 되는 거야."

04
6도 이야기: 괴로움을 벗어나려 하기보다 보람 있게 살라

힌두교나 불교에서 6도는 해탈하지 못한 중생들이 윤회전생하게 되는 6가지 세계를 말한다. 6취(六趣)라고도 한다. 6도엔 지옥도(地獄道), 아귀도(餓鬼道), 축생도(畜生道), 아수라도(阿修羅道), 인간도(人間道), 천상도(天上道)가 있다. 6도는 크게 삼악도(三惡道)와 삼선도(三善道)로 나뉜다. 삼악도는 지옥도, 아귀도, 그리고 축생도를 가리키며 삼선도는 아수라도, 인간도, 천상도다. 삼악도는 망자가 죽어서 가게 되는 곳 중에 좋지 못한 곳에 해당하고, 삼선도는 그 반대이다. 보통 불경에서는 수라도를 제외한 5도로 나누기도 한다. 이때 마지막의 천상도·인간도는 선취(善趣)이고, 앞의 세 가지 도는 악취(惡趣)에 해당한다.

지옥도는 죄를 지은 중생이 죽은 뒤에 태어나는 지옥의 세계를 말한다. 불교에서는 팔열팔한지옥(八熱八寒地獄)이 있다고 한다. 지옥도 구별된다. 지옥 이야기는 길어서 나중으로 미루자.

아귀도는 아귀들이 모여 사는 세계이다. 이곳에서 아귀들이 먹으려는 음식은 불로 변하여 늘 굶주리고, 항상 매를 맞는다고 한다. 지옥도보다는 조금 나은 정도 아귀도는 음식과 물을 절대로 먹지 못하고 설령 먹을 수 있다고 해도 음식이 다 불에 타버린다. 그리고 또 죽으면 다시 환생해 계속 그 고통이 이어진다고 한다. 아귀도에 있는 귀신은 몸이 크고, 입(또는 목구멍)은 바늘구멍만 하다. 아귀도에 가는 사람들은 죄 많은 사람, 돈을 많이 밝히는 사람, 식탐이 매우 많고 구두쇠인 사람 등이 간다.

축생도는 죄업 때문에 죽은 뒤에 짐승으로 태어나 괴로움을 받는 세계이다.

전생에는 인간이었던 것이 파리나 모기 등으로 바뀌어 태어났을 수 있고, 저승에서 파리나 모기로 태어날 수도 있다. 그러니 파리나 모기를 잡는 것도 금물이다. 불교나 힌두교에서 왜 살생을 금하는지 알 수 있을 것 같다.

아수라도는 수라도라고도 하며 죄가 조금 있는 사람이 간다. 육도윤회에서 세 번째로 죄를 덜 지은 사람이 간다고 한다. 수라도에서는 귀신들마다 무기가 있고 또 그들은 계속 싸운다. 또한 죽은 귀신은 다시 환생해서 싸운다고 한다. 북유럽신화 아스가르드와 비슷한 면이 있다. 아수라도가 선취라니 이상하다. 그래도 앞의 것들보다 나은가 보다.

인간도는 인간이 살고 있는, 즉 지상이다. 죽은 사람 중 죄가 거의 없는 사람이 가는 곳이지만 여기라고 안전하지는 않다. 다시 환생한 귀신은 108가지의 고통, 즉 백팔번뇌(百八煩惱)를 한다. 다시 인간으로서 생활을 하는 것이다. 선취의 세계인데도 번뇌가 많으니 인간으로 살기도 쉽지 않다.

천상도는 십선(十善)을 닦으면 가는 하늘 위의 세계를 말한다. 고대인도 토속 종교 바라문교의 공통된 사상은 인간계에서 벗어나 천상계에 태어나는 것이었다. 그들에 따르면 인간계는 괴로움이 많은 곳, 곧 만족이 없는 불만족(不滿足)한 곳이다. 그러나 천상계는 괴로움이 없는 곳, 곧 불만족도 없으며 고뇌도 없는 곳이다. 그러니까 인간이 이 세상에서 좋은 일을 하면 그 상급으로 천상계에 태어나 괴로움이 없는 생활을 한다는 것이다. 천상계에 태어나기 위한 수단으로 단식을 하거나 잠을 자지 않거나 손바닥에 불을 올려놓거나 여러 가지 고행을 한다. 고행을 하면 천상계에 태어나 낙을 누리게 된다는 것이다.

이에 반해 석가는, 인간이 괴로움을 벗어나면 편할 것이라고 생각하는 것은 천박한 것이고, 고통을 벗어나서 무의미한 생활을 한다는 것은 곧 싫증을 불러온다 했다. 누구나 괴로워하지 않을 것을 이상으로 삼지 말고 보람 있는 삶을 살아야 하며, 보람 있는 일을 하는 것이 인간의 진정한 낙이라 했다. 고통이 없는 것이 인간의 목적이 아니란 말이다. 그러므로 천상계에 태어났더라도 그것만으로는 무의미하다. 이래저래 6도 모두 바람직하지 않다는 말이다. 그러니 빨리 해탈하는 수밖에……

불교는 생명이 6도의 위계에 따라 윤회한다고 보았다. 6도 중 어느 세계에 태어나느냐 하는 것은 자신의 행위와 그 행위의 결과와의 총체인 업(業)에 따라 결정된다. 업은 이승에 있는 우리들의 상식을 초월하여 판정되며 선업(善業)에 의하여 선의 세계에, 악업에 따라 악의 세계에 태어난다. 행위로 판정을 받으니 믿음으로 가는 것과는 다르다.

기독교인은 하늘나라를 사모한다. 그런데 불교의 천상도는 고통은 없지만 무료하고 싫증을 낼 자리라 하니 이상하다. 우린 주님과 함께 영원히 기쁨으로 사는 곳인데. 그렇지, 하나님이 계시는 그 나라와 하나님이 없는 천상도는 다르겠지. 6도 중 어디로 가겠느냐고? 죽지 않더라도 주님을 믿으면 지금이라도 갈 수 있는 하나님 나라, 난 이미 그곳을 택했다. 미안하지만 그곳은 업으로 갈 수 없어.

05
불교의 지옥 이야기: 악을 행하고도 대수롭지 않게 생각하지 마라

지옥은 다 무섭게 표현되지만 불교의 지옥은 너무나 구체적이다. 그래서 "아, 무섭다. 다시는 죄를 짓지 말아야지"라는 말이 나올 정도다.

불교에서는 팔열팔한지옥(八熱八寒地獄)이 있다고 한다. 팔열지옥은 불꽃지옥이고, 팔한지옥은 혹한지옥이다.

- 팔열지옥 가운데 등활지옥은 산목숨을 많이 죽인 죄인이 가는 지옥으로 살생 횟수에 따라 괴로움을 당한다. 열에 살점이 파헤쳐지고 살점이 찢어지며 벌레가 온몸을 파먹는다. 죽어도 다시 살아나 그 고통을 다시 받는다.
- 흑승지옥은 사람을 죽이거나 도둑질하고 사악한 의견을 말하거나 자살하는 자를 돌보지 않은 사람들이 간다. 불꽃 속에서 온몸은 도끼, 톱, 칼로 베이고 끊어지는 형벌을 받는다.
- 중합지옥은 살인, 도둑질, 사악한 음행을 한 죄인이 간다. 두 산이 합쳐지도록 해 눌려 죽고, 구리가 벌겋게 녹은 강을 떠돌아다녀야 한다.
- 규환지옥은 살생, 도둑질, 음행, 술 먹는 죄를 범한 이가 들어간다. 물이 끓는 가마 속에 들어가기도 하고, 찢긴 입에 불타는 구리물을 마셔 오장육부가 탄다.
- 대규환지옥은 살인, 도둑질, 음행, 과음, 악행만족(惡行滿足), 망어만족(妄語滿足)을 범한 죄인이 가는 곳으로 죄인의 혀를 길게 잡아빼 입으로 다시 집어넣을 수 없게 한 다음 그 혓바닥에 끓는 구리 쇳물을 붓거나 철퇴로 짓이기고 가루를 낸다.
- 초열지옥은 살생, 도둑질, 음행, 음주, 망언을 한 죄인이 간다. 맹렬히 불타는 쇠집(鐵室)에 들어가 가죽과 살이 타고, 큰 쇠꼬챙이에 꿰어져 구워지는 형벌을 받는다.
- 대초열지옥은 살생, 도둑질, 음행, 거짓말, 음주, 사견으로 남을 계

속 속이고 착한 사람을 더럽힌 자 등이 들어간다. 용암에 집어넣어져 재가 되는 고통을 당하지만 그 죄가 다 소멸되기까지는 죽고 싶어도 죽지 못한다.

- 아비지옥(阿鼻地獄)은 무간지옥이라고도 하는데 괴로움 받는 일이 일순간도 쉼이 없어 붙여진 이름이다. 악풍(惡風)에 피가 마르고, 가죽이 벗겨지며, 달군 쇠창에 꿰여 공중에 던져지고, 쇠매(鐵鷹)가 눈을 파먹는다. 오역죄(五逆罪) 중 하나를 범한 자, 인과를 무시하는 자, 사찰의 탑을 부수는 자, 성중(聖衆)을 비방하는 자, 시주받는 물건을 사적으로 낭비하는 자, 불교성자(아라한)를 살해한 자, 비구니를 강간한 자가 들어간다.

팔한지옥은 추워서 천연두가 생기고 몸이 붓는 알부타(頞浮陀, arbuda), 온몸에 한센병이 생기는 니라부타(尼剌部陀, nirabuda), 추워서 소리를 낼 수 없어 혀끝만 움직이는 알찰타(頞哳陀, atata), 입을 움직이지 못해 목구멍에서 괴상한 소리가 나는 확확파(臛臛婆, hahava), 입술 끝만 움직이며 신음을 내는 호호파(虎虎婆, huhuva), 추위 때문에 온몸이 푸른색으로 변하는 올발라(嗢鉢羅, utpala), 추위 때문에 온몸이 붉게 물드는 발특마(鉢特摩, padma), 그리고 발특마보다 더 추워 온몸이 더욱 붉게 물들며 피부가 연꽃 모양으로 터지는 마하발특마(摩訶鉢特摩, mahapadma)가 있다.

한마디로 불교의 지옥은 인간이 최악의 고통이라 생각되는 모든 고통이 망라되어 있다. 지옥도에 떨어지면 이 같은 고통을 피할 수 없다. 고통으로 죽고 싶어도 죽을 수도 없다. 그러니 이 땅에서 착하게 살지 않으면 안 되겠다. 불교인이라 할지라도 십계명에 있는 "살인하지 말라. 도둑질하지 말라. 행음하지 말라. 이웃에게 악한 말이나 행동을 하지 말라. 이웃을 사랑하라"는 말이 절로 나온다. 이웃에게 악행을 하고도 대수롭지 않게 생각하는 이 시대 사람들이 깊이 생각해볼 문제다.

06
불교의 7시와 레벤슨의 시: 매력적인 입술엔 친절이 있다

어떤 이가 석가모니를 찾아와 호소했다.

"저는 하는 일마다 제대로 되는 일이 없으니 이 무슨 이유입니까?"

"그것은 네가 남에게 베풀지 않았기 때문이니라."

"저는 아무것도 가진 것이 없는 빈털터리입니다."

"그렇지 않느니라. 재산이 없더라도 남에게 줄 수 있는 일곱 가지는 누구에게나 있는 법이다. 네가 이 일곱 가지를 행하여 습관이 붙으면 너에게 행운이 따를 것이리라."

그 일곱 가지는 다음과 같다. 이런 자세만 가져도 인간관계는 달라진다.

- 화안시(和顔施), 얼굴에 화색을 띠고 부드럽고 정다운 얼굴로 남을 대하는 것이다.
- 언시(言施), 말로 얼마든지 베풀 수 있으니 사랑의 말, 칭찬의 말, 위로의 말, 격려의 말, 양보의 말, 부드러운 말 등을 전하는 것이다.
- 심시(心施), 마음의 문을 열고 따뜻한 마음을 주는 것이다.
- 안시(眼施), 호의를 담은 눈으로 사람을 보는 것처럼 눈으로 베푸는 것이다.
- 신시(身施), 몸으로 행하는 것으로서 남의 짐을 들어 준다거나 일을 돕는 것이다.
- 좌시(座施), 때와 장소에 맞게 자리를 내주어 양보하는 것이다.
- 찰시(察施), 굳이 묻지 않고 상대의 마음을 헤아려 알아서 도와주는 것이다.

불교의 7시다. 이것은 샘 레벤슨(S. Levenson)의 시 「아름다움의 비결」을 생각나게 한다. 아름다운 것은 서로 통한다.

매력적인 입술을 갖고 싶다면 말을 친절하게 하세요.
사랑스러운 눈을 갖고 싶다면 사람들 속에서 좋은 것을 찾아내세요.
날씬한 몸매를 원하시면 배고픈 이웃과 음식을 나누세요.
아름다운 머릿결을 갖고 싶다면 하루 한 번 어린아이에게
그대의 머릿결을 어루만지게 하세요.
아름다운 자세를 갖고 싶다면 결코 혼자가 아니라는 사실을 생각하며
걸으세요.
사람은 사물이나 물건 이상으로 재충전되고 거듭 새로워지고 회복되
어야 합니다.
아무도 함부로 무시하지 마세요.
당신이 도움의 손길이 필요할 때 바로 당신의 팔 끝에 손이 있음을 기
억하세요.
나이가 들수록 당신은 두 손을 갖고 있다는 것을 알게 될 것입니다.
한 손은 당신 자신을 돕기 위해,
그리고 다른 한 손은 다른 사람을 돕기 위해

이 시는 오드리 헵번으로 인해 더 유명세를 탔다. 이 시를 1992년 성탄절에 그의 아들들에게 들려주었기 때문이다. 그날은 그가 암으로 사망하기 전 아들들과 함께 지낸 마지막 성탄절이었다. 오늘 당신은 무엇으로 당신의 아름다움을 보여주겠는가. 매력적인 입술엔 친절이 있다.

원형이정: 인의예지도 자라고 거두어진다

봄, 여름, 가을, 겨울. 사철은 우리에게 세상사 변화가 있음을 가르쳐준다. 이 것이 어찌 계절뿐이겠는가. 겨울엔 봄을 기다리게 하고, 봄엔 여름을 기다리게 한다.

선조들에게 있어서 봄, 여름, 가을, 겨울은 생장소멸의 이치를 나타내는 것이 었다. 나고, 자라고, 거두고, 죽고 그것을 '원형이정(元亨利貞)'이라는 말로 표 현했다. 불교에서의 생로병사라는 말로, 자연과학에서는 엔트로피(entropy) 현 상으로 설명한다.

유학자들은 이를 인의예지(仁義禮智)와 연결시켰다. 원(元)은 봄에 속하여 만물의 시초로 인(仁)이 되고, 형(亨)은 여름에 속하여 만물이 자라나 예(禮)가 되고, 이(利)는 가을에 속하여 만물이 이루어져 의(義)가 되고, 정(貞)은 겨울에 속하여 만물이 거두어져 지(智)가 된다는 것이다. 주역(周易)에서는 이것을 천 도(天道)의 네 가지 덕(德)이라 했다. 인의예지를 이렇듯 자라고 거두어지는 관 계로 설정하다니 놀랍다.

조상들은 자연을 볼 때마다 원형이정의 원리를 되풀이하여 끝없이 순환한다 고 믿었다. 원형이정을 사물의 근본 원리나 도리라 생각했고, 세상사의 모든 이 치와 건곤(乾坤)의 원형이정을 두루 깨우친 사람을 도인이라 했다.

성경에서는 봄, 여름, 가을, 겨울을 뭐라 말할까? "이 야훼가 무슨 일인들 못 하겠느냐? 내년 봄 새싹이 돋아날 무렵에 내가 다시 찾아오리라. 그때 사라는 이미 아들을 낳았을 것이다(창세기 18:14, 공동번역)." "먹을 것을 여름 동안에 예비하며 추수 때에 양식을 모으느니라(잠언 6:8)." "지각 있는 아들은 가을에 거두어들이고 집안 망신시키는 아들은 가을철에 낮잠만 잔다(잠언 10:5, 공동번역)." "이 일이 겨울에 일어나지 않도록 기도하라(마가복음 13:18)." 계절을 통해 우리 삶 자체뿐 아니라 영적으로도 준비해야 한다는 것을 가르쳐준다. 이 이치를 안다면 삶을 보다 올곧게 살리라.

08
무슬림: 이맘의 말은 듣되 그들의 행위는 본받지 마라

무슬림들 가운데 이런 말이 있다고 한다. "이맘이 하라는 대로는 행하되 이맘이 행하는 것을 따라 하지는 말라." 이맘이라고 결코 완전하지는 않다는 말이다.

그런데 이것은 어디서 많이 들어본 말씀이지 않은가? 예수님께서 무리와 제자들이 있는 자리에서 모세의 자리에 앉아 사람들 위에 군림하는 서기관과 바리새인들을 책망하시면서 하신 말씀이다. "무엇이든지 그들이 말하는 바는 행하고 지키되 그들이 하는 행위는 본받지 말라(마 23:3)." 어쩌면 똑같을까.

요즘 "목사님 말씀하시는 것은 잘 지키되 그분들의 행위를 본받지 말라"는 말도 우리 주변에 흔히 있다. 목사라고 다 그런 것은 아니다. 훌륭한 목사들도 얼마나 많은가. 그러나 몇몇 목사 때문에 그 말을 들으니 참 안타깝다.

그것이 어찌 목사에게만 해당되겠는가. 불자에게도 해당되고, 선생님에게도 해당되고, 지도자에게도, 부모에게도, 아니 우리에게도 해당되는 말이다. 이 말은 우리 모두의 자성을 요구한다.

09

쿰란공동체와 예루살렘: 폐쇄는 평화를 낳지 못한다

유대 최후의 항전지 마사다 옆에 쿰란공동체(Qumran community) 유적지가 있다. 그 유적지 맞은편엔 사해사본이 발견된 동굴이 보인다. 왜 쿰란공동체는 그곳에까지 와서 생활을 했을까?

쿰란공동체는 종교적 차이로 사해 옆 쿰란으로 들어가 단체생활을 한 사람들이다. 그들은 예루살렘의 종교인들을 비판하고, 특히 제사장에 대해 반발했다. 예루살렘 성전마저 비판했다. 제사장들을 비판하다 보니 성전 자체도 비판 대상이 된 것이다. 그들은 눈에 보이는 예루살렘 성전이 아니라 영적 성전을 사모했다. 그 당시 유대종교인들 사이에 깊은 반목이 있었음을 알 수 있다.

쿰란공동체는 새 계약도 쿰란에서 주어지는 새 언약으로 해석했다. 사독(Zadok)은 다윗이 세운 제사장이다. 그러나 그들은 사독을 의로운 교사로 해석했다. 사독은 신실한 제사장이다. 견고한 집은 사독의 집이다. 성전이 세워진다. 그리고 새로운 계시가 주어진다. 그럼에도 그들은 사독을 개인이 아닌 공동체로 해석했다. 그리고 자신들은 사독의 자손이라 했다. 그들에 따르면 사악한 자손은 멸망한다. 그러나 의롭고 종말론적인 공동체는 사악한 무리에서 떠나 있다. 이방인들은 할례를 받지 못하므로 못 들어온다.

쿰란공동체의 주장을 보면 아주 폐쇄적 공동체인 것을 알 수 있다. 폐쇄적인 것은 예루살렘 종교지도자들도 마찬가지다. 종교는 기본적으로 사랑, 용서, 관용, 평화, 자비 등을 가르친다. 그런데 종교인들은 왜 그토록 폐쇄적일까? 참이상하다.

10
유대인과의 대화: 문을 열면 대화가 통한다

비즈니스 관계로 유대인 두 사람을 만났다. 한 분은 이스라엘에서 장관까지 지낸 분이었고, 한 분은 변호사이다. 내가 목사라는 것을 알고 가톨릭, 개신교 중 어느 쪽이냐고 묻기도 하고, 성경에 관한 한 자기들보다 더 많이 아시겠다며 치켜세우기도 했다. 성지를 방문해봤느냐 묻기도 했다. 모두 나를 배려하는 물음이었다.

장관 자신은 '종교적이지 않다'고 했다. 하지만 그의 가족은 유대교신자라는 것을 빼놓지 않았다. 유대인들이라 할지라도 종교성은 각자 다를 수 있겠구나 하는 생각이 들었다. 그런데 그분의 입에서 놀라운 말이 나왔다. "예수님이 지금으로부터 2천 년 전에 이스라엘 땅을 두루 다니셨다는 것은 얼마나 경이로운 일입니까!" 유대인의 입에 예수의 이름이 자연스럽게 올린다는 것이 나를 놀라게 만들었다.

변호사는 탈무드가 유대인의 지혜를 담고 있는데 한국인들이 이 책을 많이 읽고 있다며 친근감을 표시했다. 그리고 유대인들이 존경하는 랍비 아키바 (Akiba) 이야기를 했다. 탈무드의 내용이 너무 방대해 사람들이 그에게 "탈무드의 내용을 한마디로 요약하면 무엇입니까?" 물었다는 것이다. 그러자 랍비는 "네 형제를 네 몸과 같이 사랑하라"고 했다. 이때 형제는 피를 나눈 형제만을 의미하는 것은 아니라는 것을 강조했다. "네 이웃을 네 몸과 같이 사랑하라" 하신 주님의 말씀과 같다.

우리의 대화는 사랑의 중요성으로 옮겨갔다. 홀로코스트 이야기도 나왔다.

장관 집안은 원래 헝가리에 살았는데 식구들이 많이 죽고 어머님만 살아남았다고 했고, 변호사 집안은 예멘에 살다가 이스라엘로 왔다고 했다. 디아스포라의 후손들이 이제 성지에 자리를 잡고 살아가고 있는 것이다.

변호사는 대화 중 이 말을 잊지 않았다. "사람은 계획을 합니다. 그러나 그것을 이루시는 분은 인간이 아니라 하나님이십니다." 순간 나는 느꼈다. 유대인들과도 통할 수 있구나. 문을 닫으면 바람은 통하지 않는다. 하지만 열면 통한다.

11

수호천사: 천사를 의지하기보다 그를 보내신 이를 신뢰하라

수호천사(Guardian angel)의 존재를 믿는가? '예', '아니요', '잘 모르겠다.' 당신이 가톨릭이나 동방정교 교인이라면 금방 '예'라고 할 것이다. 그러나 개신 교인이라면 '아니요' 또는 '잘 모르겠다'라고 할 것이다.

수호천사는 한 특정개인이나 집단을 보호하고 인도하도록 임무를 맡은 천사를 말한다. 하나님께서 한 사람을 지켜주고, 그 사람의 기도를 올려주는 전달자 역할을 맡는다고 한다. 서방교회나 동방교회는 정통 믿음으로 이를 받아들이지만 개신교에선 관심이 적다.

성경을 보면 하나님께서 믿는 자를 보호하도록 천사를 보내신다. "그가 너를 위하여 그의 천사들을 명령하사 네 모든 길에서 너를 지키게 하심이라(시 91:11)." "모든 천사는 섬기는 영으로서 구원받을 상속자들을 위하여 섬기라고 보내심이 아니냐(히 1:14)."

수호천사 개념은 5세기 기독교에서 광범하게 발달시킨 역사를 가지고 있다. 수많은 성화에서 수호천사들의 모습을 볼 수 있다. 주로 어린이들을 보호하는 그림들이 많다.

그런데 가톨릭이나 동방정교에선 자기의 수호천사를 향해 기도하는 기도문들이 있다. 가톨릭의 경우 "하나님의 천사 나의 수호천사시여, 밤이든 낮이든 항상 나의 곁에 계시어 빛을 주시고 보호하시며 인도하시나이다." 기도한다. 동방정교의 기도문을 보면 "오, 그리스도의 천사시여, 내 영혼과 몸의 거룩한 보호자시여, 오늘 제가 지은 모든 죄를 용서하옵소서." 기도한다. 개신교인들에게 이런 기도문은 전혀 익숙지 않다.

개신교도 천사의 존재를 인정한다. 그러나 수호천사의 개념보다는 가브리엘 천사처럼 하나님께서 자신의 뜻을 밝히고 또 그 일을 이루시기 위해 그때그때 파견되는 영적 존재로 더 이해한다. 원하시면 만군의 천사를 보내 해결하시리라. 하지만 우리의 기도를 들어 올린다든지, 천사를 향해 '우리 죄를 용서하옵소서' 기도하는 것은 옳지 못하다. 죄의 용서는 오직 하나님께서 하시기 때문이다.

"하나님께서 당신의 수호천사를 보내셨다고요?"

"보내셨다면 감사한 일이지요. 신기하기도 하고요. 하지만 천사 문제는 주님께 맡깁니다. 주님만이 저의 보호자요 산성입니다."

12
하나님의 나라: 이 세상에서 하나님의 나라를 이루라

유교는 현실세계에 관심이 많지만 불교나 기독교는 내세에 관심이 많다. 유교는 천국과 지옥에 대해 관심이 없지만 불교나 기독교는 다르다. 이런 점에서 불교나 기독교는 접촉점이 많다.

그렇다면 불교나 기독교가 현실세계에 관심이 없는가? 그렇지 않다. 표현이 다르지만 이 땅을 참다운 나라로 만들고자 한다는 점에서 공통된다.

법화경의 중심에는 불자들의 수련을 통해 이 사바(娑婆)세계에 정토(淨土)를 건설하고자 하는 뜻이 담겨 있다. 사바세계를 떠나서 극락세계가 있는 것이 아니라, '사바가 곧 적광토(娑婆卽寂光土)'라는 것이다. 기본적으로 극락세계관을 버리지 않지만 죽은 다음 이 세상을 떠나 다른 곳에서만 정토를 찾는 것이 아니란 말이다. 오히려 사바세계를 떠나지 않고 이 땅에서도 정토가 실현된다는 것이다.

이 세상에서 어떻게 살아야 정토를 이룰 수 있을까? 답은 어렵지 않다. 불자들이 주어진 나날의 생활 속에서 부처의 가르침대로 이웃을 인정하고 불쌍한 사람을 사랑하며 그들과 더불어 최선의 삶을 살면 바로 그곳이 정토요 그 자리가 바로 부처가 함께 하는 자리라는 것이다.

이런 불교 사상이 기독교에도 있을까? 표현은 다르지만 확실히 있다. 예수는 믿는 자들로 하여금 이 땅에서 하나님 나라를 이루라 하셨다. 요한복음을 보면 하나님이 세상을 이처럼 사랑하사 독생자를 주셨다. 하나님이 이 세상을 그토록 사랑하셨고, 이 땅의 백성을 구원하기 위해 예수 그리스도를 특별히 보내셨다는 말이다. 그런데 예수가 이 땅에 와서 선포한 말씀은 '하나님의 나라'이다. 하나님의 나라는 천국이다. 일반적으로 천국은 이 세상과 전혀 관계가 없다는 생각을 한다. 죽어서 갈 나라로 생각하기 때문이다. 그러나 예수는 그렇게 가르치지 않았다. 이 땅에서 하나님의 나라를 이루고, 하나님의 백성으로서 그 나라의 삶을 살라 했다. 물론 이 땅이 아닌 천국도 있지만 예수를 구주로 모신 사람은 하나님의 백성으로서 이 땅에서도 하나님 나라의 삶을 살아야 할 의무와 책임이 있다는 것이다.

예수는 '나라이 임하옵시며 뜻이 하늘에서 이룬 것 같이 땅에서도 이루어지이다.' 기도하도록 했다. 하나님의 나라가 우리 가운데 임하고, 하나님의 뜻이 하늘뿐 아니라 이 땅에서도 이루게 해달라고 기도하라는 것이다. 하늘과 땅을 이분으로 갈라놓는 삶이 아니라 이 땅에서도 하나님이 기뻐하시는 뜻이 이루어지도록 하라는 것이다.

유교의 대동사회, 불교의 정토, 그리고 기독교의 하나님의 나라 모두 이 땅에서 우리가 어떤 삶을 살아야 하는가를 가르치고 있다. 서로 사랑하고 바르게 살아 참된 나라를 이룰 것인가, 아니면 거짓과 탐욕과 폭력의 나라를 이룰 것인가는 우리에게 달려 있다.

13
니콜라스: 산타클로스보다 이웃에 대한 관심이 먼저다

"산타 할아버지가 우리 마을에 오셨다. 호호호." 우린 이렇게 안다. 할아버지 산타. 그런데 산타(Santa)란 말은 여성에게 적용되는 말이다. 스페인어로 성인(saints)을 표시할 때 남성은 산(San)으로, 여성은 산타로 표시한다. 예를 들어 San Francisco는 아시시의 성 프란시스다. San Diego나 San Jose 모두 가톨릭 성인 남성의 이름에서 따온 것이다. 그리고 Santa Maria나 Santa Monica 모두 여성이다.

그럼 산타클로스(Santa Claus)는 어떻게 된 것인가? 클로스라는 성녀인가? 아니다. 원래 산타클로스는 소아시아(지금의 터키)의 성 니콜라스(Nicholas)의 이름에서 나왔다. 이 이름을 네덜란드어로 성 클라우스(Claus)라 불렀는데 그들이 미국으로 이주하면서 잘못 불려 성녀(Santa)를 뜻하는 산타클로스로 애칭되었다는 것이다. 또한 네덜란드사람들이 '신터클라우스'라 부른 것이 산타클로스가 되었다는 주장도 있다.

결국 산이 산타로, 니콜라스가 클로스가 된 것이다. 그러나 산타클로스를 할머니 산타로 여기는 사람은 없다. 아직도 인심 좋은 배불뚝이 할아버지 산타다.

할아버지 산타에 궁금한 것이 많다. 소아시아의 니콜라스가 언제 북해로 갔나? 흰 수염의 배불뚝이 산타가 어떻게 굴뚝을 내려가 선물을 전할 수 있을까? 그렇게 많은 집을 방문하려면 옷도 몸도 검어져야 하는데 늘 번쩍인다. 크리스마스 땐 모두 굴뚝 청소를 잘했나? 하늘엔 루돌프 사슴들이 썰매를 끌고 다니나? 굴뚝이 없는 아파트는 건너뛰나? 이 산타가 된 내력은 20세기 초 콜라가 안 팔리던 그가 산타가 된 것은 콜라회사 때문이라는 주장이 있다. 20세기 초 어느 겨울 콜라가 잘 안 팔리자 뚱뚱한 붉은 옷의 할아버지와 순록을 광고에 넣었다는 것이다. 인간의 상상력과 마케팅이 결합한 것이다. 인간의 상상력은 어디까지 갈까.

산타클로스에서 중요한 것은 무엇일까? 이웃에 대한 관심이다. 니콜라스 추기경은 터키와 스페인에서 살면서 가난한 사람, 어린이들, 그리고 배를 탄 사람들을 많이 도와주었다. 네덜란드사람들은 신터클라우스가 멀리 스페인에서 배를 타고 와 어린이들에게 선물을 준다고 믿었다. 그땐 배가 주요 교통수단이었기 때문이다. 지금은 전설의 썰매로 바뀌었다. 산타가 여성이면 어떻고, 남성이면 어떤가. 추운 겨울 따뜻한 말로 호떡을 건네는 당신이 산타다. 사람들의 가슴엔 언제나 사랑만이 남는다.

14
마태효과: 문제는 달란트를 땅에 묻은 자에게 있다

마태효과는 사회학자인 로버트 머튼 교수가 1968년에 만들어낸 말이다. "무릇 있는 자는 받아 넉넉하게 되되 없는 자는 그 있는 것도 빼앗기리라." 마태복음 13장 12절을 인용해 시간이 흐를수록 먼저 우위를 얻은 자에게 더 우위가 쌓이는 현상을 한마디로 표현한 것이다. 경제적으론 빈익빈 부익부 현상을 나타낼 때 주로 이 단어를 사용한다.

최근엔 대니얼 리그니가 『나쁜 사회』라는 책을 통해 조직에서 남성은 여성보다 왜 더 큰 권력을 유지하는가를 마태효과로 설명했다. 이 효과는 정치, 과학, 교육, 문화 등지에서 다양하게 나타난다는 것이다. 그런 사회는 나쁘다는 것이다. 그러니 정부가 적극적으로 개입하고 사회운동을 일으켜 파국을 막아야 한다는 주장이다.

미안하지만 마태복음의 말씀은 천국 비유에 관한 것이다. 예수의 가르침을 깨닫는 자와 그렇지 못한 자가 있다. "천국의 비밀을 아는 것이 너희에게는 허락되었으나 그들에게는 아니 되었나니." 깨닫는 자는 더욱 깨달아 더 알게 되고, 그렇지 못한 자는 들어도 깨닫지 못한다는 말씀이다. 달란트 비유도 마찬가지이다. 땅에 묻은 자는 있는 것까지 빼앗긴다. 예수님은 세상 비유로 이 말씀을 하신 것이 아니다. 나쁜 사회에 대한 우리의 관심을 높이는 것도 중요하지만 그의 가르침을 바로 깨닫고, 실천하는 것이 더 중요하다.

15
이준묵: 소외된 이웃을 위한 삶이 기억된다

이중표 목사가 '해남의 등대'로 알려진 이준묵 목사 장례식 때 그를 기리며 설교를 했다. 해남 하면 목사님이 생각난다며 몇 가지 추억을 했다. 그 추억이 나에게도 잊지 못할 이야기로 남았다.

이야기의 시작은 그의 나이 7살 때로 돌아간다. 그때 그는 중병이 들었다. 여러 약을 써도 효과가 없자 동네 사람들이 무당굿을 해야 산다고 했다. 그러자 그 어린 소년이 극구 반대했다. "나는 예수를 믿기 때문에 이대로 죽을지언정 굿은 하지 않습니다." 당찬 아이다. 도미련 선교사의 소개를 받은 어머니는 아들을 등에 업고 140리를 걸어 광주 제중병원에서 수술을 받아 살려냈다.

그는 주님을 위해 일생 동안 결혼하지 않고 독신으로 하나님의 일을 하려고 결심했다. 하지만 어머니와 형의 강권에 밀려 결혼을 하지 않을 수 없었다. 첫날밤 그는 신부 앞에서 로마서 4장 8절을 읽었다. "우리 중에 누구든지 자기를 위하여 사는 자가 없고 자기를 위하여 죽는 자도 없도다 우리가 살아도 주를 위하여 살고 죽어도 주를 위하여 죽나니 그러므로 사나 죽으나 우리가 주의 것이로다." 그리고 그는 신부 앞에서 울었다. 신혼 첫날밤에 주님 사랑할 것을 다 짐하여 신부 앞에서 성경 읽으며 운 사람이 몇이나 될까. 사모도 평생 그런 심정으로 살려고 했다니 부부가 보통이 아니다. 그는 결혼한 지 사흘 만에 산둥성 선교사로 떠났다.

해방되던 해 해남읍교회에 온 그는 평생 가난한 자, 소외된 자의 이웃이 되었다. 그 일을 하게 된 데도 빼놓을 수 없는 이야기가 있다. 하루는 담요 한 장을 들고 바위에서 철야기도를 하고 있었는데 갑자기 하늘에서 주님의 음성이 들렸다. "너 이놈! 너는 교인들에게 사랑과 존경을 받으면서 너는 네 이웃에게 무엇을 하느냐?" 매서운 주의 음성. 이 음성을 듣자 온몸에 땀이 나서 견딜 수 없었다. 그는 마치 토사광란을 만난 것처럼 방바닥을 치며 눈물을 흘렸다. 회개의 기도를 한 것이다. 그 이후 그는 작은 자, 가난한 자, 소외된 이웃을 찾아 주님을 섬기는 심정으로 살았다.

이중표 목사는, 이준묵 목사 하면 주님을 생각나게 하는 사람이었다고 고백한다. 헨리 나우웬은 목회란 예수님을 생각나게 하는 사역이라고 했다. 이 땅에 그처럼 철저히 주님을 사랑한 목자가 있었다는 것만으로도 가슴 뿌듯하다. 주님을 생각나게 하는 사람, 얼마나 멋진 이름인가.

제10부 중요한 것은 전 생애를 걸어 대답하라

01
창조적 소수: 당신들이 있어 고맙고 내일이 밝다

100마리의 개미에 번호를 붙여 일하는 모습을 촬영해보면 15마리 정도가 열심히 일한다고 한다. 다들 왔다 갔다 하니까 모두 바삐 움직이는 것처럼 보이지만 실질적으로 일하는 개미는 한정되어 있다는 것이다.

이 15마리의 개미를 따로 모아 일을 시키면 어떻게 될까? 그렇게 열심히 일하는 개미들이니 나름대로 슈퍼사회를 만들 것이라는 생각이 들 것이다. 하지만 그렇지 않다. 그중에 한두 마리만 일하고 대부분 빈둥거린다. 일하는 개미는 한정되어 있다는 것을 다시 확인하는 셈이다.

매슬로는 1,000여 명의 자아실현인만 골라 한 섬에 살게 하면 그들이 진정 이상사회를 만들 것이라는 꿈을 가지고 있었다. 이른바 '유사이키안 사회(eupsychian society)'다. 열심히 일하던 개미들이 빈둥대는 모습을 보면 매슬로가 과연 계속 그 생각을 하게 될까 의문이다.

그렇다면 앞서 그토록 빈둥대던 85마리 개미들은 어떻게 되었을까? 일하는 개미들이 쏙 빠졌으니 엉망진창이 되었을까? 그렇지 않다. 그중에서 일하는 개미 10마리 정도가 일어나 개미 조직에 활력을 불어넣었다. 개미 조직에서도

80:20 법칙이나 파레토 법칙이 존재함을 알 수 있다. 그러니 지금 빈둥댄다고 너무 탓할 일이 아니다. 훗날 크게 기여할 인물이 될지 누가 알랴.

사람은 모두 조직생활을 한다. 누구나 다 열심히 일하는 것처럼 보인다. 하지만 창조적으로 일하는 사람은 적다. 대부분 대충대충 일하며 지낸다. 그런데도 조직이 무너지지 않는 것은 그 가운데서도 창조적 소수가 있기 때문이다. 나라 경제도 마찬가지다.

지금 나라든 기업이든 어렵다고 아우성이다. 이런 때일수록 창조적 소수가 일어나야 한다. 그들을 향해 열심히 박수를 치고, 키워줘라. 그런데 가끔 보면 그들을 죽이려 드는 말도 들린다. 절대로 그들의 기를 꺾지 마라. 죽이기는 쉬워도 살리기는 어렵다. 창조적 소수, 당신들이 있어 고맙고 내일이 밝다.

02

짐 콜린스: 사람이 먼저이고 일은 다음이다

"사람이 먼저다." 경영에서 이를 강조한 사람이 많지만 피터 드러커와 짐 콜린스가 있다. 드러커는 이를 바탕으로 목표관리(MBO) 개념을 만들었고 Y이론의 근거가 되게 했다. 콜린스는 『좋은 기업을 넘어 위대한 기업으로』에서 '사람이 먼저요 그다음에는 일'이라 주장했다.

5년 동안 1,435개 기업을 분석해 얻은 콜린스의 결론은 '좋은 것은 위대한 것의 적(good is the enemy of great)'이라는 것이다. 좋은 것에 안주하지 않고 이것을 뛰어넘어야 위대한 기업이 될 수 있다. 좋은 기업에서 위대한 기업으로 도약한 기업들이라면 먼저 기술을 꼽을 것이라 생각하기 쉽지만 오히려 사람이 먼저다. 기술이 중요한 것은 사실이다. 하지만 기술이 뒤처지지 않을까 전전긍긍한 기업들은 위대한 기업의 반열에 들지 못했다.

좋은 기업을 위대한 기업으로 도약시킨 리더들이라면 새로운 비전과 전략부터 짤 것이라 생각한다. 그러나 이런 예상과는 달리 그들은 먼저 적합한 사람을 먼저 버스에 태우고 부적합한 사람을 내리게 하며 적임자를 적합한 자리에 앉히는 일부터 시작했다. 적재적소의 원칙이 먼저였다는 말이다. 그다음 버스를 어디로 몰고 갈지 생각했다.

단지 팀에 적합한 사람을 구해야 한다는 말이 아니다. 무엇이냐를 결정하는 것, 곧 비전이나 전략, 조직체계나 전술보다 누구냐는 문제가 앞선다는 것이다. 한 명의 천재 리더가 비전을 세우고 능력이 뛰어난 천 명의 조력자를 모아 비전을 실현해가는 모델을 택하는 경우가 많지만 그 천재가 떠나가면 이 모델은 실패한다. 한 사람에게 의지하면 그만큼 위험이 크다.

대부분의 기업은 사람들에게 동기를 부여하는 데 많은 시간과 에너지를 투입한다. 그러나 콜린스에 따르면 버스에 적합한 사람들을 태운다면 이 사람들에게 동기부여를 하는 데 시간과 에너지를 들일 필요가 없다. 비전이 중요하지 않아서가 아니다. 그들은 스스로 동기를 부여하기 때문이다. 스스로 동기를 부여하는 사람들로 구성되지 않은 조직은 결코 위대한 조직이 될 수 없다.

위대한 기업은 축적과 규율이 강조된다. 창의적인 생각, 아이디어, 발견, 발명도 규율 없이는 열매를 맺을 수 없고, 위대함으로 나갈 수 없다. 과거와의 단절, 대박심리, 임기응변이 판치는 시대라 할지라도 축적과 규율은 위대함으로 가는 핵심 요소이다.

보수에도 관점이 다르다. 보수를 주는 것은 부적격자에게 적합한 행동을 유발하기 위한 것이 아니라 일차적으로 적합한 사람들을 구하여 붙들어주기 위한 것이다.

좋은 기업을 위대한 기업으로 도약시킨 지도자들은 사람 판단에 엄격하지만 비정하지는 않았다. 그들은 해고와 구조조정을 실적 증진을 위한 주된 전략으로 활용하지 않았다. 혁명이나 극적인 변화 프로그램, 가혹한 구조조정을 한 기업들은 오히려 도약에 실패한다. 좋은 기업에서 위대한 기업으로의 전환은 한순간에 되지 않는다. 거대하고 무거운 플라이휠(flywheel)을 한 방향으로 한 바퀴 한 바퀴 돌리면서 추진력을 축적해 나아간다.

기업이 승승장구할 때 리더들의 태도도 달랐다. 모든 공을 철저하게 다른 사람에게 돌렸고, 자신은 단지 운이 좋았을 뿐이라 한다. 자기도취의 모습도 없다. 오히려 조심스럽고 겸손하다. 문제가 생겨도 창문 너머의 환경 탓을 하지 않았다. 그들이 야심이나 이기심이 없는 것은 아니다. 자신의 야심을 자기 자신이 아니라 조직에 먼저 바쳤다.

모든 기업은 최고가 되기 위해 꿈을 꾼다. 불연속시대에는 원칙이 부정될 수 있다. 그러나 위대함에는 한 가지 중요한 원칙이 존재한다. 사람이 먼저이고 일은 다음이다. 일은 사람이 한다. 성과는 지금 버스에 탄 사람들이 누구냐에 따라 달라진다.

03
산도르 마라이: 중요한 것은 전 생애를 걸어 대답하라

헝가리 소설가 산도르 마라이(Sandor Marai)의 『열정(Die Glut)』. 소설은 어린 시절부터 24년 동안 거의 언제나 쌍둥이처럼 붙어 지냈던 두 친구 헨릭과 콘라드가 헤어진 지 41년 만에 만나 하룻밤 동안 나눈 대화를 배경으로 하고 있다. 인생이 무엇인가를 새삼 느끼게 하는 그 속에는 '인내', '진실'이라는 키워드가 숨어 있다.

주인공 헨릭은 어느 날, 절친한 친구와 사랑하는 아내에게 기만당한 것을 안다. 이럴 수가. 이 사건은 존재의 뿌리까지 흔들며 세 사람의 인생을 파멸로 몰아갔다. 콘라드는 한마디 말없이 어디론가 종적을 감추고, 배신감과 절망에 휩쓸린 헨릭은 깊은 고독에 빠진다. 그리고 한 집에 살면서도 가혹하게 8년 동안 침묵을 지키는 남편과 비겁하게 도주한 연인 사이에서 헨릭의 부인 크리스티나는 결국 죽음을 택했다. 비극이 아닐 수 없다. 극단적인 인생 상황설정이다.

하지만 헨릭은 끝까지 친구를 기다린다. 분노와 절망, 그리고 고독이 그의 숨통을 조여 왔지만 오로지 그 기다림 때문에 살아남을 수 있었다. 그리고 그는 보이는 현실 이면에 숨어 있는 진실, 곧 어떻게 그런 일이 일어날 수 있었으며 그것은 인간의 본성과 어떤 관계를 가지고 있는지 알고 싶었다. 이 속에 인생에 대한 작가 마라이의 깊은 성찰이 보인다.

마침내 죽음을 앞둔 인생의 황혼기에 콘라드가 그 앞에 나타난다. 헨릭은 그를 향해 독백하듯 지금까지 담아놓은 생각을 애써 쏟아낸다. 그중에 이 말이 압권이다.

"그동안에 무슨 말을 하고 원칙을 세워서 변명하고 이런 것들이 과연 중요할까? 결국 모든 것의 끝에 가면, 세상이 끈질기게 던지는 질문에 전 생애로 대답하는 법이네. 너는 누구냐? 너는 진정 무엇을 원했느냐? 너는 어디에서 신의를 지켰고, 어디에서 신의를 지키지 않았느냐? 너는 어디에서 용감했고, 어디에서 비겁했느냐? 세상은 이런 질문을 던져. 그리고 할 수 있는 한 누구나 대답을 한다네. 솔직하고 안 하고는 그리 중요하지 않아. 중요한 것은 결국 전 생애로 대답하는 것일세."

그가 쏟아낸 말 속엔 작가의 철학이 담겨 있다. "중요한 것은 전 생애로 대답한다"는 헨릭. 그동안의 아픔과 고독과 분노를 한 순간으로 답할 수 없지 않은가. 그는 41년이란 긴 시간을 인내하며 기다려 그 친구에게 이 말을 주고 싶었다. 이것이 그의 모습이자 진실이었다. 인간은 삶으로 자기를 보여주는 존재다. 우리 각자의 모든 생애는 삶의 그 중요한 것들에 대한 장문의 답이다. 우리는 이것에 열정을 바친다. 당신은 지금 무엇에 당신의 모든 생애를 걸어 답하고 있는가.

04
강영우: 긍정적 태도로 흑자인생을 살라

강영우 교수가 췌장암으로 세상을 떠났다. 열세 살 어린 나이, 축구공에 얼굴을 맞아 맹인이 되었을 때 그는 인생을 포기할 만한 이유가 충분했었다. 그러나 그는 부정적 생각을 긍정적 생각으로 바꿨다. '할 수 없다'는 생각을 '할 수 있다'는 생각으로 바꿨다. 혁명가가 따로 없다.

그는 책을 통해서, 그리고 강연을 통해서 긍정적인 생각이 그 사람에 대한 태도를 바꾸게 한다며 '이것도 할 수 없고, 저것도 할 수 없다'고 생각하지 말자고 했다. 부정적인 생각은 패배자로 만들 뿐이다. 내가 할 수 있는 것을 생각하자. "이것도 할 수 있고, 저것도 할 수 있잖아." 그렇다. 모든 것은 생각하기 나름이다.

어느 날 그는 아들의 기도 소리를 듣게 되었다. "하나님, 아버지의 눈도 보이게 해주시고, 아버지와 축구도 하게 해주세요." 아들의 기도 속에서 아버지는 지금 할 수 없는 것들이 많았다. 부정적 생각이 아들을 지배하고 있었던 것이다.

아버지는 아들에게 조용히 말했다. "어두워지면 엄마는 너에게 책을 읽어줄 수 없지만 아빠는 책을 읽어줄 수 있잖아." 아버지도 할 수 있는 것이 있다는 것을 가르쳐준 것이다. 그러자 아버지에 대한 아이의 생각이 달라지기 시작했다. 조금만 시각을 비틀어도 좋은 결과를 얻을 수 있다.

무엇을 할 수 없다는 쪽보다 뭘 할 수 있는가를 생각해보자. 사람은 누구나 지능, 창의력, 적성 등 기본적인 능력을 가지고 태어났다. 기본 능력을 가지고 있다 하더라도 긍정적 태도를 가지고 노력하지 않으면 바라는 바를 이룰 수 없다. 하지만 긍정적 태도를 가지고 노력하면 결과는 달라진다.

부정적 태도를 가지고 적자 인생을 살 것인가, 아니면 흑자인생을 살 것인가. 일본 작가 나카타니 아키히로는 말한다. "할 수 없어도 할 수 있다고 말하자. 지금 할 수 있다고 말하지 않으면 영원히 기회는 없다. 우선 '할 수 있다'라고 말하자." 하나님은 적자인생을 살라고 우리를 이 땅에 보내지 않으셨다. 주어진 달란트가 아무리 적다고 해도 그것으로 지으신 이를 감동시킬 수만 있다면 이 세상은 충분히 살 만한 가치가 있다.

05
허상과 실상: 허상을 즐기되 실상이라 우기지 마라

조선시대의 상인 임상옥을 그린 『상도』의 작가 최인호를 몇 번 만난 적이 있다. 당시 상도가 TV 드라마로도 방영되어 인기가 높았다. 좋은 인상도 받았고, 궁금증도 생겨 그에게 물었다. "상도에 여러 한문 글귀가 나오는데, 모두 임상옥이 한 말입니까?"

대답은 의외였다. "아니오. 작가의 상상력에서 나온 것이지요." 그때 깨달았다. 소설은 소설이구나. 작가는 2백여 년 전의 실존인물을 통해 진정한 상인정신이 무엇이며, 바람직한 상업의 길이 무엇인가를 들려주고 싶었던 것이다. 나는 그로부터 받은 5권 전질을 연변과기대에 기증했다. 비록 그것이 작가의 정신에서 나온 것이기는 하지만 혼자서 그 책을 간직하기보다 많은 학생들이 읽고 그 정신을 본받는 것이 좋다고 생각했기 때문이다.

1999년에 시청률 60%를 기록하며 국민의 사랑을 받았던 드라마가 있었다. 바로 동의보감을 쓴 <허준>이다. 여기에 허준의 스승인 류의태가 등장한다. 그는 죽으면서 허준에게 자기의 시신을 해부하도록 했다. 그때 그 정신에 얼마나 감동했던가. 명의에서 명의가 탄생한다. 그런데 류의태는 드라마에만 존재하는 허구의 인물이다. 가공의 스승에, 가공의 해부장면에 국민은 감격한 것이다.

그런데 최근 경남 산청에서 류의태 동상을 세우고, 해부 동굴을 재현해 류의태와 허준의 일대기를 관광 테마로 삼으려 한다는 기사가 소개되었다. 드라마에선 허준이 평안도에서 태어나 산청에서 자란 것으로 소개되어 있지만 지금의 서울 강서구 일대였던 양천현에서 태어났다. 드라마에선 출생도 바꾼다. 다 작가의 손에 달려 있다.

　물론 소설이라고 해서 다 허구가 아니다. 사실을 최대로 묘사한 논픽션이 있기 때문이다. 물론 논픽션이라고 해서 100% 사실은 아니다. 작가의 의도가 가미되기 때문이다. 그러면 허상은 나쁜가? 그렇지 않다. 독자에게 즐거움을 주고, 보는 만큼 교훈을 준다면 굳이 탓할 이유가 없다. 해리 포터 시리즈도 모두 허상이 아니던가. 이따금 허상과 즐겁게 동거하라. 창의성도 여기서 나온다. 하지만 실제에선 허상을 실상이라 우기지 마라.

06
미래의 나: 10년 후 자신의 모습을 생각해보라

요사이 "목사와 집사는 되지 말자"는 말이 있다. 여기서 목사는 목적 없이 사는 사람을, 집사는 옛것에 집착하여 사는 사람을 가리킨다. 뚜렷이 일할 것이 없어 마치 목표를 잃은 듯 살아가든가 하는 일 없이 옛것에 집착하며 사는 일이 많아지기 때문이리라. 교회에서 목사나 집사는 중요한 직책인데 희화하다니 그분들이 들으면 섭섭할 일이다. 하지만 이 말을 하는 이유가 충분하기에 조금 참아야 하지 않을까 싶다.

이따금 "10년 후 자신의 모습을 생각해보라"는 말을 듣는다. 지금의 꿈이 미래의 나를 만들기 때문이리라. 10년 후 꼭 어떤 사람이 되어야 한다는 것은 아니다. 물리적으로 불가능할 수도 있다. 그러나 인격적으로 성숙하게 된다면 더할 나위 없이 좋을 것이다. "몇 년 후 나의 모습은 그동안 읽은 책과 만난 사람들을 보면 알 수 있다." 캔 블랜차드의 말이다. 독서와 만남이 중요하다는 말이다. 좋은 책과 좋은 사람이 나를 키운다.

사람만 몇 년 후를 생각하는 것은 아니다. 기업도 몇 년 후를 생각한다. 도요타는 이른바 '방침 위주의 경영'을 한다. 방침 위주란 올해는 이런 방향으로 새로운 업무를 시작한다는 식으로 회사나 조직이 새로운 방향으로 나아가기 위한 종합적인 시스템이다. 이때 도요타는 팀워크와 합의를 중시한다. 이것은 단기간에 좋은 성과를 내려는 데 목적이 있는 것이 아니라 10년 후에 기업이 어떤 모습이 될지를 생각하며 그 모습을 만들어나가는 데 목적이 있다. 올해로 끝나는 일이 아니라 10년을 내다보며 일을 하는 것이다.

10년, 아니 50년 후를 내다보는 기업이 앞서간다. 사람도 마찬가지다. 10년 후 자신의 모습을 상상해보라. 오늘도 삶의 목표를 더 구체화하고 정진할 일이다.

07
밤 별의 아름다움: 그 속을 알면 그렇게 말할 순 없다

밤하늘의 별을 보면 그렇게 아름다울 수 없다. 오래전 백두산을 구경하다 늦은 밤 연길로 돌아올 때 밤하늘에 총총한 별들이 하늘을 수놓았다. 난생 그렇게 많은 별을 본 적이 없다. 모두들 탄성을 아끼지 않았다. '별이 쏟아지는 밤'이 무슨 의미인가를 그제야 알았다.

그런데 칸트는 별이 아름다운 이유는 나와 상관이 없기 때문이라 했다. 왜 그런 말을 했을까? 그처럼 아름다운 별인데. 별들에도 인간이 헤아릴 수 없는 아픔이라도 있다는 말인가?

우리는 종종 농촌을 방문할 때 "아주 목가적이다. 아름답다"고 말한다. 그러나 농부에게 물어보라. 그런가. 농사일은 아주 고된 일이다. 우리는 그 고됨을 생각지 않고 보이는 것만 말한다. 그들의 마음을 헤아리지 못할 때 오히려 그것은 아픔이 된다.

우리는 선교사들의 활동을 보며 흠모한다. 선교선 둘로스 호의 최종상 단장은 말했다. "둘로스가 겉으로는 아름다워 보인다. 그러나 그 속에서 생활한다는 것은 아주 고통스럽다. 만만치 않다." 이 배는 타이타닉보다 2년 늦은 1914년에 만들어졌다. 지금은 폐선되었다. "네가 선교사들의 아픔을 알아?"

"별이 아름답게 보이는 것은 나와 상관이 없기 때문이다." 칸트의 말이 최 선교사를 통해 더 크게 들린다. 지금 무엇인가가 아름답게 보이는가? 정작 그 속을 알면 그렇게 말할 순 없으리라. 상대를 좀 더 깊이 헤아릴 일이다. 겉만 보지 말고 속도 함께 보자.

08
브루더호프 커뮤니티: 자기를 내려놓고 남을
먼저 생각한다

　요한 크리스토프 아놀드가 쓴 『브루더호프의 아이들(A Little Child Shall Lead Them)』에선 좋은 사회, 참된 가정을 어떻게 만들 것인가에 대한 답이 들어 있다.

　브루더호프(Bruderhof)는 '형제의 집(장소)'이라는 뜻으로 현재 2,600여 명이 미국, 영국, 독일, 호주, 파라과이 등 23개 공동체(communities)에 나뉘어 살고 있다. 브루더호프는 종교개혁 당시 삶의 단순성과 형제애, 그리고 비폭력 평화를 추구하던 재세례파의 후터 공동체의 영향을 받아 에버하르트 아놀드가 1920년 독일에서 시작했다. 각 공동체는 수백 명으로 구성되어 있으며, 돈과 재산을 자발적으로 헌납하고 일체의 사유재산 없이 아이들을 위한 장난감 기구와 장애인 보조기구 등을 생산 판매하면서 공동체를 꾸려가고 있다.

　부모들이 일하는 동안 아이들은 어린이집에서 보살핌을 받는다. 학교에서 유치원, 초등학교 교육을 담당하고 9학년 이후에는 공립학교에 진학하여 대학을 가거나 직업교육을 받을 수 있다. 커리큘럼에는 예술, 자연학습, 현장견학 같은 과목들이 많다. 이곳에는 텔레비전이 없다. 텔레비전은 단순히 오락용이 아니라 당신에게 설교를 하고 있어 아이들에게 잘못된 시그널을 보낼 수 있다고 생각하기 때문이다. 이곳 아이들은 대신 부모나 공동체 가족들과의 깊은 교제와 대화, 독서 등으로 시간을 보낸다.

　아놀드는 가정이 붕괴되고 있는 이 시대에 가정이 중요하며 무엇보다 참된 가정을 만들기 위해 가족과 시간을 많이 가지라 한다. 나아가 그는 가족 구성원의 역할이 매우 중요하다는 것을 강조한다. 예를 들어 어머니에게는 자녀들을 사랑하는 역할이 크다. 아버지는 아내와 아이들에 대해 최종적인 책임을 지는 역할을 수행한다. 할아버지와 할머니는 아이들 스스로 길을 찾도록 하는 역할을 한다.

자녀교육에서 사람에 대한 존경심을 가르친다. 자기중심성을 극복하고 사정에 따라 다른 사람에게 양보하는 미덕을 키운다. 나아가 남을 배려하는 마음을 가르친다. 다른 사람들의 시각에서 바라보도록 해 이해심을 기르고, 그들의 필요를 따라 배려함으로써 더불어 사는 방법을 실천한다. 아이들의 응석을 쉽게 받아들이지 않으며, 자녀들에게 너무 많은 선택권도 주지 않는다. 제안된 선 안에서 고르도록 한다. 아이들의 의지가 선한 방향으로 자라게 하고, 옳고 그름을 정확히 구분할 수 있도록 한다. 잘못하면 징계하되 사소한 일에 화를 내지 않는다. 체벌은 최후의 수단으로 사용한다.

공동체 생활을 하는 것도 쉽지 않으려니와 자녀들을 키우는 일도 만만치 않다. 그러나 브루더호프는 자기를 내려놓고 남을 먼저 생각하는 기독교 공동체를 만들어가고 있다. 실험사회지만 보통사람들이 할 수 없는 일들을 그들이 하고 있다. 청년이 되면 1년 이상 바깥세상을 경험하게 한다. 그 뒤 브루더호프에 남을 것인지를 결정하는데 95% 이상이 공동체의 길을 선택한다고 한다. 좋은 사회, 참된 가정을 향한 그들의 노력이 참으로 가상하다.

윌리엄 새들러: 오늘 당신의 삶에 다시 불을 붙여라

윌리엄 새들러(W. Sadler)가 책을 썼다. 제목은 『서드 에이지(Third Age)』이다. 그는 40세 이후 30년을 새로운 중년기로 보았다. 제2의 성장기다. 이땐 은퇴(retirement)가 아니라 재점화(refirement)를 하란다. 중년과 노년에 대해 새로 불을 붙이고 싶어 한 것이다. 그가 제시한 '서드 에이지의 6원칙(6 Principles for growth and renewal after forty)'이다.

- 중년의 정체성을 확립하라.
- 일과 여가활동의 조화를 꾀하라.
- 자신에 대한 배려와 타인에 대한 배려를 잊지 마라.
- 용감한 현실주의와 낙관주의로 조화를 이루라.
- 진지한 성찰과 과감한 실행으로 조화를 이루라.
- 개인의 자유와 타인과의 친밀한 관계로 조화를 이루라.

서드 에이지에 키워드가 있다면 조화다.

서드 에이지 이외에도 여러 에이지가 있다. 퍼스트 에이지에는 준비에 중점을 둔다. 세컨드 에이지에는 성과에 초점을 둔다. 서드 에이지에는 충족감을 추구한다. 포스트 에이지에는 완성을 이룬다. 오늘 당신의 삶에 다시 불을 붙여라.

10
사르트르의 눈짓: 성공, 인기, 그리고 권력에 의존하면 깨어지기 쉽다

사르트르가 '눈짓'에 대해 말했다. "남이 나를 어떻게 보느냐에 안주해 자신의 것을 스스로 발견하지 못한다." 내면보다 외면에 더 관심을 갖는 세대에 대한 한마디 충고이기도 하다. 사람들은 남이 나를 어떻게 보느냐에 관심이 많다. 남이 나에게 한 말 때문에 오늘도 일희일비하기도 한다. 그만큼 우리는 가볍다.

고프먼(E. Goffman)의 연극학적 접근에 따르면 사람은 남을 의식하고 남에게 잘 보이려고 하는 인상관리자이다. 그에 따르면 인간은 셰익스피어의 말처럼 사회라는 무대에 선 배우와 같다. 인상관리자, 배우. 이것이 우리에게 붙여진 이름이다. 그만큼 본질에 충실하지 못하다는 말이다.

헨리 나우웬은 '우리는 누구인가?' 질문을 한다. 이에 대해 우리는 대개 이렇게 답한다. "우리는 우리가 지금 하고 있는 일, 다른 사람들이 우리에 대해 말하는 것들, 그리고 우리가 가진 것들이다." 다른 말로 하면 성공, 인기, 권력이 바로 '우리'라는 것이다. 세상적인 성공, 사람들로 얻는 인기, 그리고 돈으로 살 수 있는 권력이 바로 나인 양 생각하고 행동한다는 것이다.

이에 대해 나우웬은 단언하다. "성공, 인기, 그리고 권력에 의존하는 삶은 얼마나 쉽게 깨어질 수 있는가(the fragility of life)를 인식하는 것이 중요하다." 왜 깨어지기 쉬운가? 그것은 외적인 요소들로 우리를 통제하는 데는 아주 제한적이기 때문이다. 우리가 죽으면 그런 것들은 사실 아무것도 아니라는 말이다. 영원하지 못하기 때문이다. 그것은 거짓 정체성(a false identity)이요 환상(an illusion)이다. 그런 세상적인 것들에 자신을 일치시키지 말라는 것이다. 예수님의 가르침은 아주 명확하다. "세상이 너희를 만든 것이 아니다. 너희는 하나님의 자녀들이다." 하나님의 자녀 됨은 영원하다. 세상 것과 비교할 수 없다.

오늘도 사람들의 눈짓, 곧 남이 나를 어떻게 보느냐에 신경을 쓰고 있다. 이에 대해 바울은 말한다. "옳다 인정함을 받는 자는 자기를 칭찬하는 자가 아니요 오직 주께서 칭찬하시는 자니라(고린도후서 10:18)." 하나님의 자녀는 사람의 인정보다 하나님의 인정을 중시한다. 사람들이 나에 대해 뭐라 하는 것이 중요한 것이 아니라 하나님이 나에 대해 뭐라 하시는가가 중요하다. 하나님의 인정이 진정한 인정이요 궁극적인 판정이기 때문이다. 사람이다 보니 사람의 말에 신경이 쓰이지 않을 수 없다. 그러나 하나님의 가르침에 집중하고, 그분의 자녀답게 이 땅에서도 영원의 삶을 사는 것이 중요하다. 세상의 눈짓에 현혹되지 말자.

11
고난: 고난의 시기일수록 더욱 사랑하고 격려하라

IMF시대가 다시 돌아온다면 과연 어떤 자세로 극복해나갈까 궁금하다. 그 옛날처럼 허리 조이며 굳건한 자세로 나아갈까? 아니면 절망하며 불평을 일삼을까? 그 어떤 시대가 와도 우리에게 필요한 것은 생각을 보다 긍정적으로 갖는 것이라 생각한다.

IMF 당시 어느 회사 사보에 IMF를 이렇게 표현한 것이 눈에 띄었다. 먼저 부정적인 것들을 보자.

I - 아이고! 그 좋던 회사가
M - M&A에 처해서
F - 에프킬라 앞에 모기신세로구나!

I - 아이는 버려져 고아원 신세
M - 마더는 돈 벌러 파출부 나가고
F - 파더는 오늘도 서울역을 누비네.

이런 글을 보면 자꾸 마음도 아프고 우리 모습이 처량해진다. 그러나 보다 긍정적인 다음의 보기를 읽으면 조금은 용기가 솟는다.

I - I am going to

M - Marry a

F - Fair one in this November although it's IMF

I - Ideal is a part of the future

M - Memory is a part of the past

F - Failure is a part of the success

당신은 무엇이라고 할지 궁금하다. 이런 표현은 어떨지 한번 적어본다.

I - IMF가 아무리 힘들다지만

M -Most effort로

F - F학점으로 떨어진 국가경쟁력, 우리 손으로 일으킵시다.

I - Initiate people into business

M - Motivate others strongly

F - Fight the difficulties with confidence

고난의 시기일수록 더욱 용기를 가지고 서로 사랑하고 격려하며 서로에게 힘을 주는 사람이 되어야 한다. 우리는 어려울수록 강한 한국 사람이다. 우리는 그렇게 키워졌고, 그렇게 살아왔다. 지금 그 옛날을 회상해본다. 물론 다시 그런 일은 없어야겠다.

12
독거사: 홀로 살수록 함께 가라

내가 아는 두 교수가 최근 소천(召天)했다. 한 사람은 죽은 지 3일 만에 발견되었고, 다른 한 사람은 10일 만에 발견되었다. 사망한 지 3일 후에 발견되는 경우를 독거사(獨居死)라 하니 독거사임이 확실하다. 물론 혼자 살고 있었다. 119도 부를 수 없을 만큼, 가까운 분에게 전화 한 통 넣지 못할 상황이었을 터이니 얼마나 가슴이 아팠을까 싶다.

요즘 우리 사회에 독거노인, 독거사라는 단어가 심심찮게 들린다. 혼자 살다가 길거리에서, 단칸방에서 홀로 죽어간 어르신들이 많다는 것이다. 독거사 하면 으레 일본이 떠오르곤 했었다. 도쿄 시내 전체 사망자 수에 남자는 30%, 여자는 20%가 독거사라고 하니 가히 무시 못 할 통계다. 시신을 처리하고, 유품을 정리하는 회사도 성업 중이다.

독거사 하면 주로 계율을 깨뜨리고 법을 지키지 않는 비구를 지칭한 독거사(禿居士)였다. 그런데 지금은 그 독거사보다 홀로 죽는 독거사가 주류를 이루고 있다. 독거사 주 연령대로 7~80대 노인층을 쉽게 떠올리지만 일본의 경우 대부분 독거사의 연령대는 5~60대이다. 소천한 두 교수도 바로 이 연령층이다. 죽음에는 순서가 없다.

가신 분들의 외로움은 얼마나 컸을까. 홀로 죽는 일을 막기 위해서라도 독거인들에 대한 돌봄 서비스가 사회의 중요한 과제라는 생각이 든다. 그들에 대한 안전시스템을 확보하는 일도 중요하다. 그러나 그 무엇보다 그들을 외로움으로부터 해방시켜야 한다.

일본 스페셜 드라마 <임협헬퍼 SP>에서 전화로 독거노인과 대화하고 상담해주는 장면이 나온다. 통화를 위해선 요금을 내야 한다. 금액을 초과하면 통화가 중단된다. 독거인들의 외로움을 풀어주는 전화 서비스라는데, 통화료가 만만치 않다.

빨간 벨이 울리자 전화상담원이 할머니와의 대화를 끊으려 한다.

"할머니, 시간이 다 되었어요."

"내일 전화해도 돼?"

"물론이죠. 전달 통화 분을 입금해주시면 계속 통화하실 수 있어요."

"얼만데?"

"합해서 192만 원입니다. 이용해주셔서 감사합니다."

초고령 사회로 가는 우리, 이젠 우리 모두가 나설 차례다. 홀로 사는 사람들에게 말 한마디라도 친절할 필요가 있다. 그리고 홀로 살수록 함께 가라.

13
마지막 일: 죽은 다음에도 남는 일을 하라

옛 우리 조상들은 염라대왕 앞에 가면 다음과 같은 세 가지 질문을 받을 것이라 했다. "살아 있을 때 헐벗은 사람들에게 따뜻한 옷을 준 적이 있는가?", "살아 있을 때 굶주린 사람들에게 먹을 것을 준 일이 있는가?", "살아 있을 때 집이 없는 사람에게 잠자리를 제공한 적이 있는가?" 이 질문을 보면 의식주와 연관이 있다. 그것이 삶의 본질적인 문제였다.

헨리 나우웬도 우리가 하나님 앞에 가면 "가난하고 병든 자에게 무엇을 했는가?"가 마지막 질문이 될 것이라 했다. 그만큼 이 땅에서 예수의 정신으로 사는 것이 중요하다는 말이다. 연변과기대 김진경 총장은 종종 "예수님이 '나를 위해 무엇을 했느냐' 물으신다면 어떻게 대답하겠느냐?"고 한다.

필립 얀시가 교통사고를 당한 일이 있었다. 중환자 병상에서 그는 자신에게 3가지 질문을 던졌다. "나는 진정 누구를 사랑하는가?", "나는 진정 내 인생을 살았는가?", "죽음 이후는 과연 준비되어 있는가?" 그동안 그는 책을 통해 그리스도인들과 교회를 향해 많은 질문을 던졌다. 하지만 자신에게 던진 질문은 그때가 처음이었을 것이다.

질문은 그저 넘길 수 없다. 인생을 건 질문은 더욱 그렇다. 85세 이상을 대상으로 한 조사에서 "다시 살 수 있는 기회가 주어진다면 어떻게 하겠느냐?"는 질문이 주어졌다. 거기에서 주로 세 가지 답이 나왔다 한다. 첫째, 인생을 신중하게 살겠다. 대충대충 살지 않겠다. 둘째, 모험을 더 많이 해보겠다. 끝으로, 죽은 다음에도 남는 일을 하고 싶다.

심판자를 만나는 순간 나에게 물으실 질문이 무엇일까 생각하고, 그것에 하나씩 정직하게, 아니 우직하게 답해나간다면 우리 삶은 보다 달라지지 않을까 싶다. 내가 너무 심각한 질문을 던진 것 아닌가? 하지만 인생을 건 질문에 스스로 대답하라. 그것은 당신 자신만이 할 수 있다.

14
버킷리스트: 어떻게 죽는지 알면 어떻게 살아야
하는지 알게 된다

영화 <버킷리스트>를 보았다. 언제 죽는지 알고 싶은 사람이 누가 있을까. 그런데 서로 남이었던 주인공들, 자동차 정비사 카터 챔버스(모건 프리먼)와 억만장자 에드워드 콜(잭 니콜슨)이 어느 날 갑자기 암이라는 병을 안고 한 병실에 들어온다. 카터는 한줄기 희망을 갖고 옛날 철학교수가 준 숙제 버킷리스트를 작성해본다. 그런데 시한부 인생을 선고받는 순간 버킷리스트를 구겨버린다. 하지만 에드워드는 그것을 살려낸다. 사실 병에 관계없이 우린 모두 이 땅에서 시한부 인생이 아니던가. 그들은 절망 앞에서 버킷리스트를 다시 작성해본다. 낯선 사람 도와주기, 눈물 날 때까지 웃어보기, 최고의 미녀와 키스하기, 장엄한 광경 보기 등등.

그들은 더 이상 죽음을 기다리는 사람이 되지 않겠다며 버킷리스트를 실행해나간다. 스카이다이빙도 해보고, 세렝게티 초원도 달려보고, 피라미드도 가보고. 그러나 그 무엇보다 천국 문에서 물어본다는 두 개의 질문 앞에 선 그들. "당신은 당신의 생애에 삶의 기쁨을 찾았는가?", "남에게도 기쁨을 주었는가?" 그들의 대화가 갑자기 진지해진다. 믿음에 대해서도 얘기하고, 장례에 대해서도 스스럼없이 말한다.

카터가 쓰러져 뇌수술을 받기 전 그 둘은 눈물이 날 때까지 웃어본다. 최고의 미녀와 키스하기는 어찌 되었을까? 착각하지 마라. 그것은 에드워드가 오랫동안 연락을 끊고 지냈던 딸을 찾아가 손녀를 안아주는 것으로 끝난다. 할아버지에겐 손녀가 최고의 미녀다. 이것은 카터가 에드워드에게 준 기쁨이기도 하다. 에드워드가 고집스럽게도 딸을 만나지 않으려 했으니까.

여인의 유혹에도 넘어가지 않은 카터의 신앙적 모습도 빛이 났다. 믿음과는 담을 쌓았던 에드워드가 카터의 장례식에서 고인을 생각하며 연설하는 장면도 새롭다. 둘은 결국 한때 날씨 때문에 정복하지 못했던 히말라야 정상에 함께 묻힌다. 그리고 죽어서 그 장엄한 광경을 누린다.

모리 선생이 말했던가. "어떻게 죽는지 알게 되면 어떻게 살아야 하는지 알게 된다"고. 죽은 뒤 어찌 될지를 안다면 더욱 그렇지 않을까? 커피를 들며 아내의 얼굴을 보라. 사랑스럽게. 그리고 이웃을 기쁘게 하며 살기를 다짐해보라. 삶의 기쁨은 멀리 있지 않다. 그 기쁨을 함께 나눌 이웃도 멀리 있지 않다. 하나님이 허락한 오늘을 중히 여기고 서로 사랑하라. 천국의 빛이 우리 속에 임하리라. 하나님은 생애로 대답하는 당신의 아름다움을 오늘도 기뻐하신다.

15
도리스 되리: 죽음 뒤에 남겨질 것을 생각하며 지금 열심히 사랑하라

"하루에 사과 하나면 의사에게 갈 일이 없다"고 말하던 남편이 졸지에 시한
부 인생이 된다. 파리 한 마리도 잡지 못하고 "날게 하여라. 그의 천국은 하룻
밤이니"라고 말하곤 했던 아내는 그 사실을 차마 말하지 못한다. 그것도 모른
채 "낮엔 일하고 저녁에 당신에게 돌아갈 거야" 말하는 남편을 지긋이 바라봐
야 하는 아내. 아내는 결국 남편과 여행을 떠난다. 이별여행이다. 자식이 있는
베를린으로 갔지만 아이들은 반겨주지 않는다. 바쁘다면서. 부모의 마음이 아
니다. 아이들을 키우며 함께 갔었던 추억의 호수를 찾아가, 그들은 말한다. "우
린 서로가 있으니 행복해." 사랑은 하나가 되어 먼 풍경을 함께 바라보는 것이
다. 아내는 자기의 파란 스웨터 한쪽을 남편에게 내어주며 둘은 함께 호수를
바라본다. 파란 호수를. 부부는 그런 것이다.

그런데 호텔에서 아내가 갑자기 죽는다. 이럴 수가. 장례를 치른 후 돌아온
침대에서 "여보 어디 있어?" 평소처럼 아내 쪽을 향해 팔을 펴며 묻는다. 그러
나 대답은 없다. 홀로 된 남편. 도쿄에 있는 아들을 찾아가 캐비지 요리를 해주
자 아들은 "엄마가 너무나 그리워요" 그만 눈물을 흘린다.

남편은 아내가 그토록 보고 싶어 한 후지 산을 찾아간다. 산은 산인데 안개
로 인해 때론 산이 전혀 없는 것처럼 안 보이기도 하고, 때론 그 모습을 놀랍게
드러내는 산. 산은 그처럼 수줍어한다. 기다렸던 후지 산이 보이는 어느 날 새
벽, 그는 호수에 나가 부트 춤을 춘다. 아내가 그렇게 배우고 싶어 했던 춤, 그
리고 그녀가 그리 보고 싶어 한 후지 산을 배경으로. 그 춤은 아내가 죽기 전

호텔에서 자기를 리드하며 추던 춤이었다. 그때 남편은 왜 이러느냐며 겸연쩍어했다. 아내가 죽는 줄 알았으면 더 좋은 춤을 함께 추었을 것을. 남편도 결국 후지 산이 보이는 그 호숫가에서 아내와 춤추듯 하늘나라로 갔다.

　지금까지 감독 도리스 되리의 영화 <사랑 후에 남겨진 것들>의 얘기였다. 영화 <동경이야기>를 리메이크 한 작품이다. 감독도 남편을 잃은 뒤 이 작품을 지휘했으니 남다른 감회가 있었겠다. 죽음 뒤에 남겨질 것들을 생각하며 지금 열심히 사랑하라. 사랑하는 사람이 당신 곁을 떠나기 전에.

양창삼

서울대학교 정치학과(학사 및 석사)
서울대학교 대학원(경영학 석사)
웨스턴일리노이 주립대학원(MBA)
펜실베이니아 주립대학교
연세대학교 대학원(경영학 박사)
총신대학교 대학원(목회학 석사 및 신학 석사)
한국사회이론학회 회장 역임
한국인문사회과학회 회장 역임
연변과학기술대학교 상경대학 학장 역임
한양대학교 경상대학 학장·산업경영대학원 원장 역임
현) 한양대학교 경상대학 경영학부 명예교수, 목사

『조직행동』(2007)
『조직혁신과 경영혁신』(2005)
『열린사회를 위한 성찰과 조직담론』(2003)
『공맹사상에서 문명충돌까지』(2002)
『리더십과 기업경영』(2002)
『창의성과 기업경영』(2002)
『인간관계와 갈등관리』(1997)
『조직이론』(1997)
『거시조직이론』(1995)
『인적자원관리』(1994)
『현대조직철학』(1990)
외 다수

살아가면서 놓치는 당소한 가치

생각의
교양학

초 판 인 쇄 | 2012년 11월 23일
초 판 발 행 | 2012년 11월 23일

지 은 이 | 양창삼
펴 낸 이 | 채종준
펴 낸 곳 | 한국학술정보㈜
주   소 | 경기도 파주시 문발동 파주출판문화정보산업단지 513-5
전   화 | 031) 908-3181(대표)
팩   스 | 031) 908-3189
홈 페 이 지 | http://ebook.kstudy.com
E - m a i l | 출판사업부 publish@kstudy.com
등   록 | 제일산-115호(2000. 6. 19)

ISBN   978-89-268-3905-8 03370 (paper)
          978-89-268-3906-5 05370 (e-book)

이담 Books 는 한국학술정보(주)의 지식실용서 브랜드입니다.